··· 중소기업이 꼭 알아야 할

K-ESG
경영 해설서

중소기업이 꼭 알아야 할

K-ESG 경영 해설서

이세규 지음

기후변화로 인해 새롭게 변화될 우리의 기업경영 환경

생각나눔

=== 프롤로그 ===

기후변화 시대,
ESG 경영은 선택이 아닌 필수이다!

오늘날 세계는 산업화와 도시화로 인한 기후변화와 환경오염의 위기를 맞이하고 있다. 기존의 개발방식과 생활양식으로 인해 범지구적인 재해와 사회문제가 부메랑처럼 우리 곁에 다가오고 있다.

현세대와 다음 세대가 함께 지속가능한 발전을 위해서 기후위기에 적절히 대응할 수 있는 새로운 발전 방향과 전략이 필요하다. 특히, 성장을 추구하는 기업들은 환경보전과 함께 안정적인 근무환경과 사회여건을 조성하기 위해 노력해야 한다. 이를 통해 고객과 이해관계자에게 기업의 긍정적인 이미지와 브랜드를 형성시키는 경영방식으로 전환해야 한다. 이 같은 변화의 시기에 주목받고 있는 개념이 친환경적인 기업경영인 ESG이다.

ESG 경영은 글로벌 기업과 대기업 중심으로 활발히 퍼져가고 있지만, 중소기업은 아직은 생소하며 대비책을 마련하지 못하고 있다. 이 책은 중소기업이 ESG를 이해하기 쉽도록 2021년 한국생산성본부의 『K-ESG 가이드』를 기반으로 해설하고 있다. ESG 이론부터 분야별로 적용 방법과 기준, 참고자료까지 제시하고 있어 ESG의 본질적 접근과 더불어 경영에서 도입의 필요성에 대해서도 알게 될 것이다.

기후변화의 위기는 우리 사회에 새로운 도전을 요구하고 있다. 지속가능성은 사회 발전과 더불어 기업의 성장에도 중요한 항목이 되고 있다. 전 세계적으로 기업은 공급과 수요를 연계하는 주체로써 사회적 책임이 강화되고 있다. 이는 기업이익 창출뿐만 아니라, 지역사회와 일자리를 나누며 많은 이해관계자와 함께 투명한 경영구조를 마련해야 하기 때문이다. 무엇보다도 ESG 경영은 세계적인 투자기관의 첫 번째 관심사이다.

이는 MZ 세대의 활발한 소셜네트워크를 통해 확산되기 때문이다. 즉, 경영의 목표가 성과에서 가치로 전환되는 새로운 시대가 도래한 것이다. 앞으로 중소기업도 재무적 성과뿐만 아니라 비재무적인 성과를 함께 관리해야 한다. 따라서 이 책을 통해, 중소기업은 지속가능성을 위해 준비해야 할 ESG의 지표와 정보공시에 관한 적절한 정보를 얻어 친환경적인 경영의 체계를 구축하는 데 도움이 될 것이다.

  끝으로, 이 책을 출간하기까지 환경에 대해 제게 처음 가르침을 주셨고, 많은 영감을 주신 조진상 교수님께 진심어린 감사의 말씀과 정년퇴임 축하인사를 올린다.

2023년 4월

푸른 안식처인 광주 분적산 노대골에서

CONTENTS

프롤로그 | 기후변화 시대, ESG 경영은 선택이 아닌 필수이다!_ 4

1장: ESG 알아가기

1. ESG란 ·································· 17
   1) ESG의 출현   17
   2) ESG 시작의 배경   21

2. ESG 트렌드 ······························· 26
   1) ESG 국내·외 트렌드   26
   2) ESG 규범화 과정   29
   3) 기관투자자의 ESG 관점   33
   4) 자산운용사와 신용평가사의 관점   35
   5) ESG 평가기관의 관점   37
   6) 세계적인 ESG 이니셔티브의 관점   38

3. ESG의 국내 대응 ·························· 40

2장: 한국형 K-ESG란

1. K-ESG와 중소기업 · 47
   1) 기업과 ESG 경영   47
   2) 중소기업의 ESG 경영 한계점   48

2. K-ESG의 구성 · 50
   1) ESG 경영과 평가방식   50
   2) K-ESG의 구성 요소   51
   3) 국내 기업을 위한 K-ESG   52

3장: K-ESG 가이드라인

1. K-ESG 진단항목 · 57
   1) K-ESG 분류체계   57
   2) K-ESG 진단항목   60
   3) 진단항목의 특징   63
   4) K-ESG 진단항목의 고려사항   65

2. 중소기업의 활용방안 · 69
   1) 중소기업의 K-ESG 활용방안   69
   2) K-ESG 평가기관과 검증기관의 활용방안   71
   3) 투자기관의 활용방안   72

4장: K-ESG: 환경(Environment)

1. 환경(Environment) · 77

   1) 환경경영 목표수립   77

   2) 원부자재 사용량   80

   3) 재생 원부자재 비율   84

   4) 온실가스 배출량   87

   5) 에너지   96

   6) 용 수   101

   7) 폐기물   105

   8) 대기오염물질 배출량   110

   9) 수질오염물질 배출량   113

   10) 환경법과 규제위반   115

   11) 친환경 인증과 서비스 비율   118

5장: K-ESG: 사회(Social)

1. 경영환경(Business environment) · · · · · · · · · · · · · · 125

   1) 경영환경의 목표수립과 정보공개   125

   2) 고 용   128

   3) 안전 및 보건   149

   4) 인권 분야   154

   5) 협력사 관련   159

2. 사회 기여 ·································· 166
　1) 전략적 사회공헌　　　　　　　　　166
　2) 구성원 봉사 참여　　　　　　　　　169

3. 정보보안 및 사회안전 ························ 172
　1) 정보보호시스템 구축　　　　　　　　172
　2) 개인정보 침해 방지와 구제　　　　　175
　3) 사회의 법과 규제 위반　　　　　　　177

6장: K-ESG: 지배구조(Governance)

1. 지배구조: 이사회 ···························· 183
　1) 이사회의 ESG 관련 안건 상정　　　　183
　2) 사외이사 비율　　　　　　　　　　　186
　3) 대표이사와 이사회의장 분리　　　　　188
　4) 이사회 성별 다양성　　　　　　　　　191
　5) 사외이사 전문성　　　　　　　　　　193
　6) 전체 이사의 출석률　　　　　　　　　196
　7) 사내이사의 출석률　　　　　　　　　198
　8) 이사회의 산하위원회　　　　　　　　199
　9) 이사회 안건 처리　　　　　　　　　　202

2. 지배구조: 주주총회 · 204

    1) 주주총회 소집 공고   204

    2) 주주총회 집중일 이외 개최   207

    3) 집중·전자·서면 투표제   209

    4) 배당정책과 이행   212

3. 지배구조: 규범 및 감사 · 214

    1) 윤리규범 위반사항 공시   214

    2) 내부감사부서 설치   216

    3) 감사기구 전문성(회계 및 재무 전문가)   219

    4) 지배구조의 법과 규제 위반   222

7장: K-ESG: 정보공시(Information Disclosure)

1. 정보공시 개요 · 229

    1) ESG 정보공시란   229

    2) ESG 정보공시 주기   232

    3) ESG 정보공시 범위   234

2. 정보공시 지표 및 개발 · 239

    1) ESG의 핵심이슈와 핵심성과지표(KPI)   239

    2) ESG 정보공시 개발   242

8장: K-ESG 활용 방안

1. K-ESG 추가사항 · 249
   1) K-ESG의 한계　　　　　　　　　　　249
   2) K-ESG 진단항목의 추가사항의 필요성　　250
   3) K-ESG 진단항목의 대체가능성　　　　　251

2. K-ESG 평가 활용방안 · 252
   1) K-ESG 평가　　　　　　　　　　　　252
   2) K-ESG 평가방법　　　　　　　　　　254
   3) K-ESG 등급　　　　　　　　　　　　258
   4) ESG 관련 국제기구와 국제기관　　　　260

부 록

1. K-ESG 영역별 진단항목 예시 · · · · · · · · · · · · · · · · 269
   1) 환경영역 진단항목　　　　　　　　　269
   2) 사회영역 진단항목　　　　　　　　　269
   3) 거버넌스 영역 진단항목　　　　　　　270

제1장
ESG 알아가기

1
ESG란

1) ESG의 출현

최근 ESG 기업경영은 세계적으로 급격히 확산되고 있어 글로벌 투자자와 기업에 주목받고 있다. 이는 우리 사회의 기업경영도 과거 산업주의의 투자자(shareholder) 중심에서 소비자, 정부, 그리고 사회구성원까지 확대되고 있기 때문이다. ESG의 관심이 높아지면서 앞으로 ESG 경영은 선택이 아닌 생존을 위한 핵심적인 요소가 되고 있다.

ESG는 미래사회의 기업가치에서 중요한 사회적 가치 (social value)[1]를 내재화하는 필수적 요소이다. 최근 선진국에서는 ESG가 투자 기관에 핵심적인 가치로 인식되고 있다. 이는 소비자의 환경에 대한 관심이 높아지면서 함께 중요해지고 있기 때문이다. 특히 글로벌 투자자는 ESG가 지속가능성을 포괄하고 있다. ESG의 요소가 제대로 작동될 경우, 기업의 발전과 성장을 위한 위기관리 수단으로 매우 필수적인 요소라고 판단하고 있다.

전 세계적으로 급격하게 기후변화가 진행되면서, 환경에 관한 관심은 일반인들까지 크게 확산되고 있다. 이 같은 추세와 함께 ESG의 관심도 높아지고 있다. 그렇다면 ESG는 어떤 의미를 내포하고 있는가?

---

1 사회적 가치는 현대 사회의 위협으로부터 생활을 보호하고 지키는 안전 확보가 중요하다. 현대 사회의 위협요소는 빈곤, 실직, 질병 등으로 다양하다. 이를 해결하기 위해, 개인의 일자리 창출이 안전의 기본요소가 된다. 일자리 창출을 통한 안전한 삶은 개인의 생계보장뿐만 아니라 삶의 존재를 확인할 수 있어 매우 중요한 목표가 된다(나눔문화연구소, 2002).

ESG는 환경, 사회, 그리고 지배구조를 의미하므로(K-ESG 가이드라인, 2021), 다가올 기후변화와 함께 기업경영의 핵심 요소가 될 것이다. 즉, 환경을 개선하기 위한 기업활동이 중요해지고 있으며, 환경친화형 경영구조, 기업의 사회적 책임감, 지속가능하고 건전한 지배구조가 기업의 지속가능한 발전을 위한 주요한 이슈가 된다. 우리 사회는 앞으로도 이 같은 관점에 초점을 맞추어 기업의 지속가능성(Sustainability)[2]을 유지해야 한다.

앞으로 기업경영에서 중요 요소인 ESG는 다음과 같이 구성된다. 우선, 환경(Environment)은 기후변화로 인해 온난화가 진행되는 상황에서 기업의 경영활동 전(全) 과정에서 발생하는 환경에 미치는 영향요인으로 반드시 개선되어야 하는 요소이다. 이는 최근 세계 각국에서 다양한

---

2 지속가능성(sustainability)은 현세대만을 위해 모든 자원을 사용하는 것이 아닌, 미래 세대를 위해 환경과 경제의 자원을 보존하여 세대 간 기회를 보장하여 균형을 이루는 지속성을 의미하는 것이다(「지속가능한발전법」, 2020).

기후변화를 겪으면서 이와 관련된 탄소중립과 재생에너지 사용이 더욱 중요하기 때문이다.

다음 사회(Social)는 기업의 고객뿐만 아니라, 협력 및 하청 회사, 기업 내의 임직원, 지역의 여러 이해관계자가 모두가 기업의 권리, 의무, 책임 등을 나눈다는 의미에서 중요한 요소이다. 이는 앞으로 기업 구성원의 인권, 안전, 보건 등에 관한 이슈들이 회사경영의 주목해야 할 화두가 될 것이다. 지금까지는 기업의 활동이 그동안 주주(shareholder)에게 초점을 맞추어졌지만, 미래 기업경영에서 직·간접적으로 관계를 맺고 있는 다양한 이해관계자(stakeholder)에게로 확대되어야 함을 의미한다.

끝으로, 지배구조(Governance)는 경영진, 이사회, 주주를 중심으로 기존 기업경영의 권리와 책임이 국한되었던 상황에서 다양한 이해관계자까지 권리와 책임이 확대되어야 한다. 이를 통해 앞으로 기업은 단편적인 의사결정 구조를 다양한 사회적 가치(social value)를 반영하도록 기업의 윤리경영과 감사기구를 확보해야 한다.

2) ESG 시작의 배경

ESG를 논의하기 시작한 기관은 WCED(세계환경개발위원회)[3]와 UNEP(유엔환경계획)[4]이다. 『브룬트란트 보고서』의 '우리 공동의 미래(Our Common Future)'[5]에서 ESG가 처음 언급되었다(K-ESG 가이드라인, 2021). 이 보고서는 유엔(UN)이 1983년에 설립한 WCED에서 브룬틀란(Brundtland, G. H.) 노르웨이 수상이 1987년 발표한 것으로, 이 보고서에서 지속가능한 발전의 개념이 최초 정의되었다.

---

3 지속가능한 발전을 추구하고자 국가들을 결집시키는 것을 목적으로 1983년 유엔 총회의 결의를 거쳐 설립된 위원회(시사상식사전, 2017).

4 지구 환경 문제를 다루기 위해 국제연합이 산하에 만든 환경문제 전담 국제기구(www.unep.org).

5 공동미래의 편찬과 브룬틀란 위원회의 활동은 1992년 리우 회의의 사전 작업을 이뤘으며 의제 21, 리우 선언, 지속 개발 위원회 설립 등에 지대한 영향을 미쳤다(위키백과, 2022).

이 보고서에 따르면, 우리 인류는 앞으로 심각한 위기들을 맞이할 것이라고 하였다. 세계적인 소득불균형과 인구의 급격한 증가, 산업사회의 무분별한 개발과 환경 파괴로 인한 지구온난화와 기후변화 등은 세계 경제를 위협할 것이다. 이 같은 위기관리를 위해 지속가능 발전개념으로 사회의 패러다임 전환이 절실하다.

전 세계적으로 지속가능한 성장과 발전이 논의된 후, 가장 먼저 유럽 국가들을 중심으로 ESG에 관한 관심이 높아졌다. 이로 인해 유럽 선진국의 연기금 등은 대규모 투자에서 높은 사회적 책임감을 갖고 투자를 검토하는 경향이 나타났다. 이는 정부 차원의 ESG 제도를 마련하는 계기가 되었으며, 이와 함께 글로벌 기업을 중심으로 적극적인 ESG 참여와 활성화가 확대되었다.

ESG에 대한 논의 확산은 국가 차원의 ESG 법과 제도를 마련하게 되었고, 이러한 움직임은 ESG 관련 기업들의 기업경영 정보공개를 제도화하는 계기가 되었다. 이 같은 추세는 2006년 UN의 책임투자원칙(PRI; Principle Responsible Investment)[6] 발표를 이끌었고, 2017년 기후 관련 재무정보 공개협의체(TCFD)[7]의 재무와 금융 정보공개 권고안을 발표하였다(기후 관련 재무정보, 2021). 권고안은 기후변화에 대응하기 위한 거버넌스 구축, 전략 마련, 위기관리 방안 제시, 지표 개발, 목표 설정 등이 주요 내용이었다.

이 같은 노력은 현재 국가 차원의 ESG 제도화를 넘어서 민간 차원의 자발적인 참여로 확산되고 있다. 특히, 세계를 대표하는 글로벌 투자기관들의 ESG 투자는

---

6 책임투자원칙은 투자 관행에 대한 환경, 사회 및 기업 지배 구조 문제의 관련성이 증가하는 것을 반영하여 국제기관 투자자 그룹에 의해 개발되었다(www.unpri.org).

7 기후변화 관련 재무정보공개 협의체(TCFD)는 기후변화가 재무와 금융에 미치는 영향을 분석하고, 금융기관의 투자 결정에 기후변화와 관련한 위험성을 알리고 반영하기 위한 Financial Stability Board를 2015년 12월 출범시킨 국제협의체(이니셔티브)이다(www.fsb-tcfd.ofg).

BRT[8]를 통해 많은 글로벌 기업이 ESG 개념을 적극적으로 수용하는 계기가 되었다(K-ESG 가이드라인, 2021). 이로 인해, 현재 다양한 민간 이니셔티브[9]가 결성되어 ESG에 대한 자발적인 참여와 정착이 이루어져 활성화되는 상황이다.

현재 ESG는 기업경영에 내재화가 구체적으로 진행되고 있다. 대기업을 중심으로 경영가치와 경영시스템을 투자기관과 소비자의 ESG 수요에 대응하기 위한 노력이 활발히 추진 중이다. 이로 인해 ESG에 대해 자문, 컨설팅, 평가하는 서비스 시장이 형성되고 있다. 2021년 현재 전 세계

---

8 BRT(Business Roundtable)는 미국 상공회의소와 전미국제조업협회의 협의체로 미국의 200대 대기업을 대표하는 가장 영향력이 큰 단체이다(네이버 기관단체 사전; terms.naver.com).

9 이니셔티브(initiative)는 글로벌 이니셔티브, ESG 이니셔티브, 환경 이니셔티브 등이 있다. 이니셔티브는 글로벌 기업의 가이드라인이나 행동강령에 관한 자율적인 규범을 의미한다. 핵심 글로벌 기업이 해당 산업에 적합한 자율 규범(rules)을 상호 이행하고 협력하는 것이다. ESG 이니셔티브는 ESG와 관련된 행동강령을 만들고 이행하기 위한 협력단체이다 (economic-study-record.tistory.com).

적으로 약 600여 개 이상의 ESG 서비스 기관과 회사가 ESG 평가 및 자문역할을 수행하고 있다(Sustainability, 2018).

2
ESG 트렌드

1) ESG 국내·외 트렌드

2000년대 나타난 급격한 기후변화는 ESG 이슈를 공유하고 확산되는 계기가 되었다. 세계적인 투자기관의 투자성향 변화는 각국의 제도적 규제에 관한 관심을 높였다. 이로 인해 공적 투자기관과 민간 투자기관의 ESG 정보에 대한 수요가 급증하였다. 투자기관의 변화에 발맞춰 글로벌 기업들의 ESG 대응도 크게 확대되고 있다.

앞서 언급한 바와 같이, ESG의 제도적 강화는 2006년 UN의 책임투자원칙(PRI)이 지속가능 성장과 관련된 6대 원칙을 발표된 후이다. 이때부터 세계 주요 국가는 ESG의 정보공개를 의무화하였고, 정보공개를 위한 네트워크를 구축하기 위한 ESG 관련 법률과 제도를 강화하였다.

투자 측면에서도 큰 변화가 있었다. 대표적인 글로벌 연기금 기관들이 ESG를 내재화한 기업과 프로젝트에 대한 책임투자가 많아지고 보편화되었다. 이는 자산운용사 및 신용평가사와 같은 민간투자 기관이 ESG를 기업경영의 미래가치를 위한 중요한 요소로 인식하면서 일반 기업들도 ESG 정보공개에 관심이 급격히 증가하였다.

최근 투자기관이 ESG에 관심을 갖게 된 이유는 MZ세대와 다양한 정보를 실시간으로 접할 수 있는 4차 산업혁명의 스마트기술이 중요한 역할을 하였다. 세계적으로 MZ세대는 정보의 주요한 소비자인 동시에 생산자인 프로슈머

(Prosumer)[10]로 ESG의 정보화를 구축하는 주된 역할을 하고 있다. 또한, 이들은 부모세대인 장년층에게 미치는 정보 측면의 영향도 매우 크다. 글로벌 투자기관은 이 같은 부분을 놓치지 않고 ESG에 대한 관심을 지속적으로 높이고 있다.

 ESG 정보공개에 대한 사회적 요구와 정부의 관심이 증가하자 민간기업도 적극적으로 대응하고 있다. 이로 인해 평가·컨설팅·자문을 수행하는 평가기관, 그리고 평가회사가 급증하고 있다. 이는 산업 분야별 여러 이니셔티브(협의체·단체)가 출범하면서 자발적으로 ESG를 준비하는 계기가 되었다.

---

10 프로슈머(Prosumer)는 미래학자 앨빈 토플러(Alvin Tofler)가 정의한 용어로, 생산자(Producer)와 소비자(Consumer)의 역할을 하는 주체를 의미한다. 최근 대표적인 사례는 태양광 전기발전을 설치(생산)한 가정에서 사용(소비)하고 남은 전기를 한전이나 주변 가정에 판매하는 형태이다 (https://engineeringcode.tistory.com).

2) ESG 규범화 과정

국제적으로 ESG가 규범화되고 있다. 이는 2003년 유럽회계현대화지침(EU Account Modernization Directive, 2003)이 주된 역할을 하였다. 이 연차보고서에서는 기업의 재무적 요소와 함께 비재무적 요소(ESG)를 공시하도록 권고하고 있기 때문이다. 이 권고사항은 2018년 정보공개지침[11]에 따라 의무화되어 강화된 바 있다. 2006년에는 UN의 PRI(책임투자원칙)가 기업의 지속가능한 발전의 6대 원칙을 발표한 후, 일반기업에서도 비재무적 요소인 사회적 가치(social value)가 중요해지면서 정보공시와 정보공개의 제도를 마련하게 되었다.

특히 영국, 독일, 프랑스 등을 중심으로 기업 연차보고서에서 ESG 정보공개를 의무화하는 법령을 최초 발표한 바 있다. 최근 ESG 요소의 적절한 공급망 마련을 의무화

---

11 EU 집행위원회는 2014년 비재무적 요소의 정보공개 지침을 제정한 바 있다(Directive, 2014).

하는 규제를 아래와 같이 발의하였다. 2016년 영국의 연차보고서는 ESG 정보공개를 의무화하였고(Company Act, 2016), 2017년 프랑스와 독일은 일정 규모 이상 사업장을 보유한 기업의 ESG 정보공개 의무화하였다(K-ESG 가이드라인, 2021).

2010년대 이후, ESG의 노력은 실사를 중심으로 진행되고 있다. 우선, 2021년 EU에서는 산업별 공급망을 대상으로 인권환경에 대해 실사를 의무화하였다. 독일은 같은 해 공급망 실사를 위한 관련 법률을 도입한 바 있다. 그리고 미국은 과거부터 꾸준히 기업의 윤리의식과 지배구조를 개선시키기 위해 제도를 마련하고 정보공시를 강화하도록[12] 유도해 왔다. 최근에는 환경에 대한 영향력과 기업의 공급망까지 연계된 다양한 이해관계자의 관리를 위해 분쟁광물규제와 같은 법률 개선까지 추진하고 있다.

---

12 미국은 1978년 「정부윤리법」을 제정하였고, 1999년 부패 방지 라운드 윤리 관련 법률을 활성화하였다(K-ESG 가이드라인, 2021).

일본은 국제 수준(global standard)에 맞춰 기업의 ESG 정보공시를 의무화하도록 정보공개를 제도화하였으며, 환경에 관한 기업 보고에 관한 규제[13]를 마련하였다. 중국은 2008년 국영기업 보고서 발간을 권고하고 있으며, 2009년 기업 CSR 보고지침 통해서 국영기업과 외자 기업들의 CSR 수준의 평가를 목적으로 정보공개를 추진한 바 있다. 우리나라도 2030년을 목표로 ESG 정보공시 의무화를 상장기업을 중심으로 단계별로 추진하고 있다[14]. ESG 관련 규제 법안인 환경 분야의 2020년 탄소 중립, 사회 분야와 거버넌스 분야의 2021년 「인권기본법」, 2022년

---

13 일본 ESG 제도는 온실가스·에너지(2004, 2006), 유해물질(2011), 환경보고서(2012)가 마련되고 있다.

14 우리나라 ESG 제도는 2018년 대형 상장사의 기업 지배구조 핵심정보를 의무적으로 공개하도록 하였으며, 2020년 지속가능 경영보고서를 공시하도록 단계적인 의무화를 추진하였고, 2021년에는 거래소들의 ESG의 자율공시를 제도화하였다. 향후 일정은 2025년부터 자산규모가 2조 원을 넘는 기업은 ESG의 정보공시를 의무화할 예정이며, 2030년에는 국내 모든 코스피 상장사의 ESG 정보공시를 의무화하는 제도를 마련할 예정이다(K-ESG 가이드라인, 2021).

「공공조달법」을 마련하고 있다.

이 같은 국가 차원의 노력으로 인해, 글로벌 증권거래소에서도 ESG 정보공개 제도가 마련되었다. 지속가능한 거래소 이니셔티브(SSEI)의 ESG 정보공개지침에 따라, 23개 증권거래소가 ESG 정보공개를 의무화하여 제도화하였다. 이후 47개 증권거래소가 ESG 정보공개 가이던스를 제공하여 운영하고 있다. 특히, 동남아시아의 대표 주자인 대만(TWSE), 싱가포르(SGX), 홍콩(HKEX)은 ESG 정보공개와 보고서 발간하도록 거래소 상장규정(Listing Rule)에 명시하여 의무화하였다. 또한, 런던거래소(LSE), 나스닥(NASDAQ), 일본거래소(JPX) 등은 ESG 정보공개 지침(guidance)[15]을 기준으로 자율적으로 따르도록 유도하고 있다. 우리나라의 한국증권거래소(KRX)는 2021년 ESG 정보공개 가이던스를 배포하고 있다.

---

15 SSEI의 ESG 정보공개 가이던스(guidance)는 경영에서 영업판매량에 대해 기업이 예상하는 실적에 대한 전망치를 의미한다(K-ESG 가이드라인, 2021).

3) 기관투자자의 ESG 관점

　최근 ESG는 연기금을 중심으로 책임투자가 보편화되고 있다. 많은 투자기관은 ESG 투자원칙을 세우고 ESG 투자가 내재화되도록 강화하는 추세이다. 책임투자 규모는 2018년 2월 기준 30.7조 달러(3,670조 1,850억 원)로 2016년 대비 34% 증가하였다(Global sustainable Investment Review, 2018). 2021년 현재 ESG 채권 발행의 총액은 5,220억 달러(624조 510억 원) 정도로, 2019년 발행량 대비 약 60% 이상 증가하는 추세이다(Bloomberg NEF, 2021). 이처럼 글로벌 연기금과 자산운용사 중심의 책임투자가 중요해지면서, 책임투자 촉진을 위한 스튜어드십 코드(Stewardship Code)[16] 도입은 전 세

16　스튜어드십 코드(Stewardship Code)는 수탁자책임을 원칙으로 한다. 즉 기관투자자의 청지기(steward)처럼 수탁받은 돈의 자금 운영을 자신의 돈처럼 관리해야 하는 지침이다. 스튜어드십 코드는 기관투자자가 주주의 이익과 함께 공공의 이익을 위해 의결권을 행사한다(https://100.daum.net/encyclopedia).

계적으로 확산되고 있다. 그 결과 19개 국가에서 추진하고 있다. 우리나라는 국민연금을 포함한 총 162개 기관이 스튜어드십 코드에 참여하고 있다.

세계적인 연기금 투자기관은 ESG 투자전략을 근거로 책임투자를 실행함과 동시에, 글로벌 기업에도 평가를 위한 ESG 정보공개를 요구하고 있다. 이는 투자 유형별로는 네거티브 스크리닝(negative screening)[17]이 ESG 통합적 투자전략에 가장 활발하게 적용되기 때문이다. 최근 5년간 많이 활용되는 전략은 지속가능한 테마투자(thema-investment)와 포지티브 스크리닝

---

17 네거티브 스크리닝(negative screening)은 보편적인 책임투자전략으로 환경, 사회, 지배구조(ESG) 기준을 근거로 부정적인 산업을 펀드에서 배제한다. 기준은 무기, 마약, 도박, 외설 등이 사업의 총매출에서 차지하는 비중을 고려하는 것이 일반적이다. 또한, 환경보호나 노사관계 개선에 소극적인 기업도 배제된다(http://news.einfomax.co.kr).

(positive screening)[18] 형태로 나타나고 있다.

4) 자산운용사와 신용평가사의 관점

ESG 관련 자산운용사와 신용평가사의 동향은 다음과 같다. 우선, 글로벌 3대 자산운용사인 The Vanguard Group(Vanguard), BlackRock, State Street Corporation(SSBT)은 ESG 요소를 반영한 적극적인 투자와 의결권 행사를 이행하고 있다. 특히, BlackRock는 지배구조, ESG의 중장기 목표, 기후변화 대응체계, ESG 관련 핵심성과지표(KPI), 인적자원 관련 이슈에 대한 정보를 중요하

---

18 포지티브 스크리닝(positive screening)은 동종업종과 비교하여 환경·사회·지배구조(ESG)에서 우수한 성과를 보이는 기업 혹은 프로젝트를 투자하는 방식이다. 이는 베스트 인 유니버스(Best-in-Universe) 전략과 유사하지만, 특정 산업과 섹터에 편중될 우려가 없이 다양한 유형의 산업과 섹터에 투자할 수 있다는 장점이 있다. 석유산업 기업군 중 ESG에 관한 성과가 지속적으로 좋은 기업을 선점해 투자하는 사례를 찾을 수 있다(http://news.einfomax.co.kr).

게 다루고 있다. 그리고 Vanguard는 신재생에너지, 지속적인 산림조성, 수자원 활용방안, 지속가능한 보건복지, 포용적 금융 분야에 테마 투자를 위해 기업의 ESG 정보를 활용하고 있다.

대표적인 글로벌 신용평가사로 알려진 Fitch, Moody's, 그리고 S&P는 ESG 평가기준을 강화하기 위해 기업의 ESG 평가 결과를 신용등급에 반영하고 있다. S&P사는 ESG 관련 12개 지표에 대한 공개정보를 바탕으로 1차 평가점수를 산출한 후, 중·장기 지속가능성을 평가점수에 추가로 합산하여 최종 종합평가 점수를 산출한다. Moody's는 2019년에 마련한 23개의 ESG 지표를 근거로 신용평가에 적용하고 있다(K-ESG 가이드라인, 2021; Moody's ESG&Climate risk website, 2019). Fitch Ratings는 2019년 글로벌 1,500개 기업을 대상으로 ESG의 자체평가를 ESG 통합점수를 산출하여 발표한 바 있다(ESG Relevance Scores for Corporates Report, 2019).

5) ESG 평가기관의 관점

　기업의 ESG 운영성과를 확인하기 위한 평가 결과는 글로벌 연기금, 자산운용사, 신용 평가사 등에 제공되고 있다. ESG 평가기관은 평가지표 개발하고 수행하고 있으며, 평가지표를 매년 업그레이드하는 상황이다. 평가기관은 평가지표를 개선하기 위해 적합한 지표를 발굴하는 한편, ESG 평가의 신뢰성을 높일 수 있도록 평가 방법과 도구를 지속적으로 고도화하고 있다.

　이로 인해, 전 세계적으로 ESG 평가시장이 점차 확대되게 된다. Apple, BMW, VolksWagen 등과 같은 글로벌 기업의 협력업체(공급망)에서는 ESG 관리를 강화하고 확대하면서 협력업체(공급망)의 ESG 평가에 대응하고 있다. 또한, 국내 기업의 협력사를 대상으로 ESG 평가시스템의 도입도 급격히 진행되는 실정이다. 일부 국내 신용평가사는 중소기업만을 위한 ESG 평가모델을 개발하고 있다.

6) 세계적인 ESG 이니셔티브의 관점

글로벌 이니셔티브는 기업과 자본시장의 ESG를 지속적으로 강화하고 있다. 각각의 이니셔티브는 ESG 정보공개 원칙, ESG 지표, ESG 지침, ESG 방법을 글로벌 시장에 확산시키기 위해 노력하고 있다. 유엔글로벌콤팩트(UNGC)는 기업의 운영에 필요한 최소한의 책임감이 중요함을 강조하고 있다.

환경, 인권, 노동, 부패에 관한 10대 원칙은 기업이 다루어야 할 핵심사항이다. 국제사회는 UN의 지속가능발전목표(SDGs)를 위해 정부, 기업, 시민사회가 함께 사회와 환경에 미치는 영향을 점검하도록 169개 세부 목표를 제시한 바 있다.

책임경영연합(Responsible Business Alliance)은 Apple, HP, Dell 등의 전자제품 회사의 생산과 소비에서 발생하는 문제를 해결하기 위해 설립된 이니셔티브이다. 최근 이니셔티브 가입 대상을 자동차, 항공, ICT 분야의 산업까지 다양해지고 있다.

지속가능성 제고(Drive Sustainability)는 Volvo, Daimler, BMW와 같은 완성차 기업의 생산·유통 단계의 기업환경과 사회문제의 해결을 위한 핵심목표이다. 이는 해당 기업의 완성차들이 운행 과정에서 발생하게 될 환경문제와 사회문제에 대응하고자 한다.

예를 들면, 플라스틱 폐기물의 저감과 재활용·생분해 플라스틱(Plastic Economy, NaturALL Bottle Alliance) 개발을 위해 산업계에서 공동기술개발을 진행하고 있다. 또한, 재생에너지 사용(Renewable Energy 100)의 확대와 온실가스를 감축하기 위한 목표 설정과 탄소 배출량을 관리하기 위한 방법론을 개발과 확산에 집중하고 있다. GRI Standards와 SASB Standards에서는 ESG 정보공시에 필요한 지표(Indicators)와 지침(Guidance)을 제시한 바 있다. 산업별과 이슈별 이니셔티브는 기업들의 참여를 강제하는 방식으로 전환하고 있다. ESG 성과를 산업 내와 산업 간 거래조건으로 활용하고 있다.

3

ESG의 국내 대응

국내에서도 ESG 투자가 진행되고 있다. 아직은 국제적 수준과 비교해 규모는 작은 편이나, 성장세는 매우 빠르다. 특히, 국내 ESG 펀드는 자금이 지속적으로 유입되며 매년 자본 규모가 커지고 있다. 2017년 대비 2020년 기준 ESG 액티브 펀드는 약 3배 증가, 인덱스 펀드는 약 6배 증가하고 있다(금융위원회 2021.2.). 국내 ESG 채권 상장종목은 2020년 기준 상장 잔액 82.6조 원(약 549개)으로 급격하게 성장하고 있으며(금융위원회, 2021), 연기금과 금융기관의 ESG 평가시스템 구축하고 관련된 상품을 출시하는 ESG를 반영한 투자전략을 추진하고 있다.

우리나라 주요 경제단체와 대기업을 중심으로 ESG에 대해 적극적으로 대응하기 위한 노력이 추진되고 있다. 이미 주요 대기업은 ESG 관련 정책과 목표를 선제적으로 선언하면서 계열사에 ESG 추진을 위한 전담 조직과 체계를 구성하고 있다.

그렇지만, 중소기업은 대기업과 비교하여 급변하는 ESG에 대응하기에 경영 부담(인력이나 비용)이 높아 많은 어려움을 겪는다. 최근 추세를 보면, 국내·외 공급망의 ESG 평가가 확대됨에 따라 적극적인 대응의 필요성이 점차 높아지는 상황이다. 그러므로 중소기업 차원에서 적합한 대응 방안을 빠르게 마련하거나 유사한 산업체와 함께 공동 대응할 필요가 있다.

수출기업은 해외 투자기관과 바이어(buyer)가 요구하는 특정한 ESG 요건에 집중하여 대응하고 있으나 글로벌 원청기업들의 ESG 준수 요건을 더욱 강화되는 추세이다. 그러므로 앞으로 경제단체는 ESG 위원회를 설립하여 ESG 관련 교육과 포럼을 실시하면서 기업의 ESG 대응방안 마련을 위해 적극적으로 지원해야 한다.

　국내 ESG 서비스는 민간컨설팅 기관, 신용평가, 언론사 등이 ESG 컨설팅과 평가에 참여하면서 ESG 서비스 생태계가 구축되고 있다. 또한, 민간컨설팅 기관, 신용평가, 언론사 등은 각각 ESG의 전담 부서를 신설하거나 확대하여 ESG 서비스 시장에 적극적인 참여를 유도하고 있다.

제2장
한국형 K-ESG란

1
K-ESG와 중소기업

1) 기업과 ESG 경영

지금까지 산업사회를 거치면서 기업들을 평가하는 주된 기준은 재무적 요소이었다. 그러나 최근 기후변화로 인해 ESG 개념이 나타나면서 비재무적 요소인 사회적 가치는 더욱 중요해진다. 많은 글로벌 투자기관이 가장 중요한 투자기준으로 ESG를 활용하기 시작하면서, 금융기관, 자산운용사, 연기금에서 이를 빠르게 확산시키는 추세이다. 이 같은 투자기관의 변화는 협력업체(공급망)에 대한 ESG의 준수 수준도 함께 높이게 한다. 특히, 주요 선진국을 중심으로 ESG 정보공시에 대한 제도화와 규범화가 진행되고 있다. 실제 EU와 영국을 중심으로 법과 제도가 마련되고 있으며, 우리나라도 정부와 대기업을 중심으로 ESG 도입을 빠르게 확대하는 상황이다.

2) 중소기업의 ESG 경영 한계점

많은 국내 기업은 ESG 경영의 필요성을 높게 인식하고 있다. 하지만 여러 중소기업은 ESG에 대한 대응을 어떻게 시작해야 하는지, 목표와 실천 방향은 어떻게 설정해야 하는지에 대해 막막한 상황이다. 이는 아직 ESG의 정보와 경험이 부족하기 때문이다. 특히, 중소기업은 정보와 경험뿐만 아니라, 비용과 시간의 현실적 문제가 ESG 기업경영 도입이 어려운 한계로 지적하고 있다.

현재 국내와 국외에서 600여 개 이상의 ESG 평가지표가 개발되어 운영되고 있다. 이는 개별 기업들이 이들 각각의 평가 기준과 방식을 모두 파악하기에는 매우 쉽지 않은 상황을 의미한다. 또한, 글로벌 ESG 평가기관들은 각자의 고유한 평가절차, 평가지표, 평가산식 등을 마련하고 있어 중소기업뿐만 아니라, 대기업의 입장에서도 이들 모두를 대응할 수 있는 시스템을 구축하기 어려운 여건이다.

결국, 공신력 높은 정부 차원의 ESG 평가 기준을 마련하여 운영할 필요가 있으며, 한국생산성본부의 K-ESG는 매우 시의적절하다 볼 수 있다.

2
K-ESG의 구성

1) ESG 경영과 평가방식

앞으로 국내 기업이 고려해야 할 ESG 경영요소와 평가기관에서 필요한 평가항목 제시를 위해, 한국생산성본부는 ESG의 주요 평가지표를 13개로 지정하고 공시기준[19]을 분석하여 61개 핵심 세부사항을 마련하였다.

---

19 공신력 있는 평가지표와 공시기준은 DJSI, MSCI, EcoVaids, Sustainalytics, World Economic Forum, Global Reporting Initiative에서 확인이 가능하다(K-ESG 가이드라인, 2021).

이는 국내·외 주요 평가기관들이 사용하는 공시방법과 사용단위를 항목별 가이드라인을 제공하여 우리나라 기업과 이용자의 이해도를 높이기 위함이다. 즉, 국내 기업환경에 적절한 ESG 요소들을 선제적으로 마련하여 기업과 이용자의 편의를 높이기 위함이다.

2) K-ESG의 구성 요소

K-ESG는 각계각층 분야별 전문가, 전문기관, 관계부처 간의 ESG에 관한 의견수렴을 반영하여 국제적 기준에 부합하면서도 우리나라 기업들의 활용이 가능하도록 문항을 만들었다. 이를 위해 국제 수준의 기본 진단항목을 일부 반영하였고, 국내 법률 및 제도에서 중요하게 고려되는 ESG 경영요소를 추가로 진단항목에 완성시켰다.

이는 산업 유형과 규모에 따라 기업들이 ESG 경영을 추진할 때, 국제 기준부터 국내 법률까지 대응할 수 있는 유연성을 마련해야 하기 때문이다. 즉, 주요 해외 ESG 평가 지표에 대한 전반적인 대응을 고려함과 동시에, 국내·외의 사회문화적·법제도적 환경의 차이를 함께 고려하기 위함이다.

그렇지만 국내 산업 특성을 고려한 세부 진단항목을 개발할 때, 해외의 ESG 지표와 연계해야 실제 경영환경에 적합한 진단항목을 만들 수 있기에 앞으로 많은 관심과 지원이 필요하다.

3) 국내 기업을 위한 K-ESG

산업 전반에서 ESG 경영 수준이 향상될 수 있도록 지침이 마련되고 있다. 이때 중소기업이 ESG 경영 수준과 방향을 스스로 ESG 경영 목표를 수립하거나 재정립할 수 있도록 실용적인 지침이 필요하다. 이 지침에는 국내·외 평가지표에서 공통적이고 핵심적인 항목들을 찾을 수 있어야 하고, 중소기업 차원에서도 ESG 평가에 대한 이해를 높이고 대응 역량을 높일 수 있어야 한다.

ESG 지침은 중소기업들이 ESG 경영전략을 수립하고자 하는 경우, 이들 기업에서 우선 활용할 수 있도록 27개의 항목을 선별하여 제시하고 있다. 이때 평가·검증기관은 ESG 평가를 할 때, 한국형 K-ESG 지침을 자유롭게 활용할 수 있도록 하며 평가기관과 검증기관의 수요를 고려하여 기본 진단항목을 만들었다. 이외 대체 가능한 추가 진단항목들의 예시를 제시하고 있어 활용성을 높이고 있다.

제3장

K-ESG 가이드라인

1
K-ESG 진단항목

1) K-ESG 분류체계

　　　　　K-ESG 지침의 분류체계는 앞서 기술한 ESG 정의를 기반으로 ESG와 관련된 여러 정보공개 여부를 확인 후 측정항목으로 추가하였다. 특히, K-ESG 에서는 환경(Environmental), 사회(Social), 지배구조(Governance), 그리고 정보공시(Public announcement)의 4개 영역을 기준으로 대분류를 설정하고 있다.

　우선, 정보공시(Public) 영역은 국내 상황을 볼 때, 아직은 ESG 정보를 수집하는 데 많은 어려움을 겪고 있는 기업과 중소기업을 위해 특별히 마련되었다. K-ESG 지침에서는 향후 기업이 다루는 ESG 경영 중 핵심이슈로 사회적 가치(Social Value)를 다루고 있다.

K-ESG 지침은 각각의 '범주'에서 '사회적 가치'를 개념화하여 정리하였고, 이에 대한 정성적·정량적인 진단을 위한 세부 항목을 설정하였다. 기본 진단항목의 구성체계는 기업 스스로 ESG 성과를 진단하기 위한 항목을 설명하고 있으며, 점검 기준과 단계를 세부적 지침을 제시하고 있다. 또한, 기업과 사용자의 편의를 위해 각각의 사례를 함께 제공하고 있다.

각 진단항목을 통해 ESG 경영 방향성을 정확히 파악할 수 있게 하였다. 그리고 성과점검 기준에 대해 상세히 설명하고 있는 동시에, 각 진단항목에 따라서 대체하여 사용이 가능한 진단기준과 활용의 근거를 함께 제시하여 이해를 높이고 있다. 항목정의서는 진단항목의 개념 설명, 진단항목 산출식, 활용방안을 기술하고 있다. 이와 관련된 국내 법률과 해외의 유사한 지표를 함께 제시하고 있어 활용도가 높다.

　진단항목 정의서의 추가 구성체계는 각 영역의 범주별로 산업별 특성을 고려해 현재는 국제적 기준의 평가지표에 속하지는 않으나 ESG 경영에서 앞으로 필요한 요소들을 함께 제시하고 있다. 이는 기업 측면에서 선택적인 활용도를 높이는 실용적인 진단항목이다.

　특히, 활용방법 측면에서 볼 때, 기본적인 진단항목에서 적용 범위가 불가능할 경우, 대체 활용이 가능하다. 기본 진단항목 외 추가적인 기업의 ESG 성과를 점검할 경우 활용도가 높다. 끝으로 기존에는 사용하지 않았던 분야인 산림조성에 따른 탄소흡수량, 고졸 직원 채용 등의 고용 유연성이 필요한 미래지향적인 목표를 설성할 진단을 새롭게 고려할 수 있다.

2) K-ESG 진단항목

(1) 진단항목의 구성체계

K-ESG 지침의 진단항목 정의서는 '영역-범주-항목' 등으로 구성체계를 분류하고 있다. 진단항목에 대한 설명은 진단을 위한 목적·내용·방법 등을 함축적으로 적시하고 있다. 진단항목 정의서는 성과점검에 필요한 '데이터의 정의, 기간, 범위, 계산식'을 제시하여, 이를 활용하여 성과를 확인하는 방법을 함께 설명하고 있다.

'성과점검'에서 확인한 데이터를 근거로, 해당 기업의 수준을 자체적으로 진단할 수 있도록 3단계에서 5단계의 단계별 기준을 구분하여 제시하고 있다. 적용방안은 '점검기준'으로 확인한 기업의 ESG 성과를 기업 간, 항목 간, 영역 간 비교할 수 있도록 진단항목별로 적용할 수 있다.

단계별 기준을 적용한 방법은 100점 기준으로 3단계와 5단계로 등급을 나누어 배점을 정할 수 있다. K-ESG 지침은 단계별 배점이 가능하도록 기준을 구분하였다. 그렇지만, 국내·외의 ESG 평가기관은 서열척도, 등간척도(100점), 비율척도 기준을 다양하게 정하고 있다.

점검 기준의 유형은 여러 형태로 정할 수 있다. 유형 1은 정성·정량 기준에 따라 3~5단계로 설정하고 있다. 유형 2는 산업 평균과 추세를 비교한 후 각각의 점수를 산술평균으로 설정한다. 선택 유형은 해당 항목 수에 따라 제시된 요건의 수준을 설정한다. 감점형은 항목 수에 따라 제시된 요건에 해당된 감점을 적용한다. 그 밖에도 ESG 성과점검이 가능한 다양한 방법들이 있다.

(2) 진단항목의 주요 개념

진단항목 정의서의 공통적인 활용개념은 다음과 같다. 우선, 원 단위(per unit)는 제품·용역의 1단위를 생산하기 위해 투입된 에너지, 자본, 시간 등의 여러 재화를 측정하는 개념으로 주로 기업 간 규모를 고려하여 비교할 때 유용한 방법이다.

다음은 특정 기간 동안 정량적 자료의 변동을 통해 방

향성의 추세를 확인하는 방법이다. K-ESG 지침에서는 5년 동안 데이터 연평균 성장률(CAGR)을 확인한다. 이때 연평균 성장률이 0보다 클 때 '증가'하고, 연평균 성장률이 0보다 작을 때 '감소'하는 것으로 본다. 연평균 성장률(CAGR)은 대상 기간의 연간 복리 평균성장률을 의미한다.

산업과 관련 통계자료는 통계청, e-나라지표, 고용노동통계 데이터베이스(DB), 산업재해통계 등의 국가통계자료[20]를 사용한다. 이때 진단항목과 관련된 데이터에서 산업별 해당 기업이 속해있거나 비교를 원하는 산업 분야별 각 평균값을 활용하고 있다. 만약 공시자료가 없는 경우, K-ESG 지침의 활용 주체에 따라 산업 평균값을 별도 정의해서 대체할 수 있다. 추후 ESG에 적합한 통계데이터를 구축하면 해당 자료의 산업평균값을 활용하는 데 신뢰성을 확보할 수 있다.

---

20 한국표준산업분류의 대분류에서는 각 산업분류가 가능하나, 제조업은 대분류 항목과 다른 구성의 차이를 고려하여 중분류를 기준으로 잡고 있다(「통계법」, 제22조).

3) 진단항목의 특징

진단항목은 단계별 상세한 기준과 방향을 제시하도록 하고 있다. 그렇지만 많은 국내·외 ESG 평가지표는 ESG 성과측정을 위한 정확한 기준을 공개하지 않는 경우가 많다. 이 때문에 많은 기업은 자가 진단에 어려움을 겪고 있으며 과도한 비용이 소요되기도 한다.

K-ESG 지침의 진단항목은 단계별로 세부 기준과 방향에 대한 정보를 마련하였다. 이로 인해, 국내 기업들은 ESG 진단항목의 지침과 기준을 활용해 스스로 성과 진단이 가능해졌다. 또한, ESG 성과목표의 수립과 운영을 지원받을 기회가 마련되었다.

그럼에도 불구하고, ESG 진단항목의 설정이 어려운 점은 한국적인 독특한 기업환경의 특성과 법·제도의 적합성을 함께 반영해야 하기 때문이다. 이때 국내 경영환경에서 ESG 경영을 위한 최소한의 기반 마련하여 지원하는 한편, 국제 수준과의 정합성을 유지하는 것이 매우 어렵다.

K-ESG 지침은 중소기업을 위한 ESG 자가 진단을 위한 진단항목에 대한 설명을 기술하고 있다. K-ESG 지침은 ESG 경영시스템 구축을 위해, 기본적으로 갖춰야 할 요소와 관련된 정보들을 진단항목 체계를 통해 제공하고 있다. ESG 경영에서 고려하고 있는 핵심 요소는 환경, 사회, 지배구조, 정보공시의 영역별 하위 범주 차원까지 구성하여 정보를 제공하고 있다.

또한, 개별 기업이 진단항목을 개발할 때 필요한 단계별 기준에 대한 지침을 함께 제시하고 있으며, ESG 자가 진단을 위한 추가적 설명을 상세하게 제공하고 있다. 각 영역의 범주별 ESG 수준을 향상시키기 위한 다양한 자료를 제공하고 있다.

진단항목 이외 추가하거나 대체할 수 있는 다양한 진단항목을 제시하고 있어 활용도가 매우 높다. 일반적으로 기업은 ESG 수준과 성과를 진단항목을 직접 활용할 수 있다. 그러나 기본 진단항목만으로 평가가 불가하거나 특화된 항목이 필요한 경우는 개별 기업과 기관의 수요(needs)

에 맞춘 추가 진단항목을 준비해야 한다.

K-ESG 가이드라인은 다양한 이해관계자들은 각자의 목적을 달성할 수 있도록 개발되었다. K-ESG는 기업의 ESG 경영 수준을 향상할 수 있도록 초점을 맞추었다. 기업들이 자체적으로 ESG 현황과 수준을 진단해야 할 경우, ESG 경영 목표의 수립에 이 지침을 활용해야 한다. 그 밖에도 평가기관과 검증기관도 K-ESG 지침을 활용할 수 있도록 ESG 수준 평가과 진단에 필요한 방안을 제시하고 있다.

4) K-ESG 진단항목의 고려사항

K-ESG 가이드라인을 사용할 때 몇 가지 사항에 유념해야 한다. 가장 먼저 고려해야 할 사항은 진단항목별 가중치를 결정해야 한다는 것이다. K-ESG 지침의 자가 진단항목으로 활용할 때, 진단항목별 가중치로 인해 중요도

가 달라질 수 있기 때문이다. 이때 가중치는 산업별 이슈와 기업의 ESG 추진 방향을 종합적으로 검토하여 결정되어야 한다.

K-ESG 지침의 가중치 결정은 항목별 가중치를 별도 설정하지 않고 있다. 그렇지만, 일반적으로 개별 진단항목별 배점을 100점으로 설정하고 있다. 이 같은 이유는 향후 K-ESG 지침을 개정하거나 업종별·규모별 지침을 추가로 마련해야 할 때, 많은 이해관계자의 의견을 수렴하고, 전문가들의 자문을 통해 가중치를 설정할 수 있도록 한 것이다. 왜냐하면, ESG의 사회적 가치(social value)는 기업과 사회의 이해관계자 모두에게 중요하므로 이해관계별 가중치를 활용하는 방안을 쉽게 모색하도록 유연성이 있어야 하기 때문이다.

가중치 설정 방식은 동일 가중치를 모든 항목에 적용하는 방법, 산업과 기업별로 ESG 우선순위에 따른 차등으로 적용하는 방법, 다양한 이해관계자의 의견에 반영한 가중치를 개발하여 결정하는 방법 등으로 다양하다. 가중치를 활용하여 기업의 ESG 성과를 확인하려는 경우, 자율적으로 항목별 가중치를 설정 후 기업의 ESG 성과를 점검할 수 있다.

K-ESG 지침의 활용에서 항목별 가중치 설정은 다음과 같은 방법이 있다. 첫 번째는 모든 항목에 동일한 가중치를 적용할 방법이 있다. 이는 각 진단항목의 중요도가 동일하다는 가정에서 출발한다. 만약 각각의 항목에 동일한 가중치를 부여한다면, K-ESG 지침에서는 61개 세부 항목에 대해 자가 진단을 할 수 있다. 이때 항목별로 일괄적으로 $\frac{1}{61}$의 가중치를 적용해 ESG 성과를 자가 점검할 수 있도록 설계되어 있다.

두 번째는 기업의 ESG 경영에서 우선순위에 따라 차등 적용하는 방법이다. 이는 각 진단항목의 영역별·범주별·항목별 기업의 ESG 추진전략에 해당하거나 해당 산업의 기회요인이 되는 항목에 더 높은 가중치를 적용한다. 한편, 일반적인 위험(risk)에 노출된 항목들에 대해 상대적으로 낮은 가중치를 적용한다. 이때, 가중치의 전체 총합은 100%가 되어야 하는 것이 원칙으로 한다.

　세 번째는 이해관계자의 의견에 근거하여 가중치를 결정하는 방식이다. 이는 정부기관, 투자기관, 평가기관, 산업계 등의 다양한 이해관계자를 대상으로 한 설문조사와 인터뷰를 사전에 실시하여 가중치를 결정하는 방식이다. 이는 기업의 ESG 성과 창출에 영향을 크게 미칠 것으로 판단되는 항목에 대해 가중치를 높게 적용할 수 있게 한다. 이때 가중치의 합산은 100%가 되어야 한다.

2
중소기업의 활용방안

1) 중소기업의 K-ESG 활용방안

　　　　　　　　K-ESG 가이드라인 항목의 일부는 중소기업의 ESG 활동과 성과관리에 활용할 수 있다. 그렇지만, ESG 경영은 여전히 중소기업에는 사업성과 장출에서 큰 부담으로 작용된다. 이는 ESG 운영에 있어 많은 비용과 인력이 소요되는 현실적인 어려움이 있기 때문이다.
　특히, 중소기업에서 ESG 경영 추진을 위한 실질적인 정보와 경험(knowhow)을 체계적으로 확보하는 데에 많은 어려움을 겪고 있다. 이처럼 중소기업이 ESG 경영 수준을 확인하기 위한 정보가 충분하지 않기 때문에, ESG와 관련된 성과의 체계적 관리시스템의 구축이 먼저 필요한 상황이다.

K-ESG 가이드라인은 중소기업의 ESG 경영을 위한 몇 가지 지침이 마련되어 있다. 중소기업의 ESG 경영을 추진하기 위한 기본적인 점검 진단항목 선별하여 사용하게 하고 있다. 특히, 설비와 인력에 대한 투자 비용이 과도하게 발생하지 않는 범위에서 ESG 경영을 추진하기 위한 진단항목을 제시하여 중소기업들의 ESG 대응 역량을 높이고자 한다. 앞으로 중소기업을 위한 K-ESG 가이드라인이 별도로 개발되어 보급될 것이다. 이때 중소기업 현실에 맞춘 진단항목과 단계별 기준으로 수정하고 보완되어야 한다.

2) K-ESG 평가기관과 검증기관의 활용방안

ESG 평가기관은 K-ESG 지침을 아래와 같이 활용할 수 있다. 기존 ESG 평가기관은 평가지표 개선하고자 할 때, ESG 경영 진단기준을 정교하게 개선할 수 있다. 또한 신규 평가기관과 검증기관은 평가지표를 개발할 때, K-ESG 지침을 자유롭게 참고하여 맞춤형 진단기준을 개발할 수 있다.

K-ESG 지침은 기관별로 이해관계에 맞춰 평가를 위한 표준기준을 설정하여, 향후 발생하는 혼란을 최대한 막도록 설계되었다. 또한, 평가지표에 대한 피평가 기업들의 수용성을 재고할 수 있도록 하였다.

3) 투자기관의 활용방안

투자기관은 국내 중소기업의 ESG 경영 수준을 비교하기 위한 K-ESG를 기준으로 활용할 수 있다. 지금까지 국내·외에서 다양한 ESG 평가 기준을 사용하고 있어서 기업의 ESG 경영성과의 수준을 직접적으로 비교하는 데에 어려움이 있다. 공통된 성과평가 기준의 개발은 투자기관이 국내 중소기업 간 ESG 경영성과의 수준에 대해 비교하는 것이 가능하므로 ESG 경영을 더욱 확산시킬 수 있다.

투자기관이 투자의사를 결정할 때, 결정적으로 필요한 ESG 평가의 신뢰성 확보가 매우 중요하므로 이를 근거자료로 활용한다. 또한, 투자기관은 공적자금을 운용하기 위한 평가기관을 선정할 때, K-ESG 지침을 참고하면 평가의 신뢰성을 확보할 수 있다. 그리고 투자기관의 자체적인 ESG 평가시스템을 구축할 때도 활용한다. 특히, 민간 금융기관에서는 향후 투자를 위한 자체적인 ESG 평가체계를 마련하는 경우 높은 신뢰성 확보가 필요하기 때문이다. 이를 위해 K-ESG 지침은 단계별 진단항목 기준과 데이터 원천의 정보를 제공하고 있다. K-ESG 가이드라인은 ESG 경영의 진단항목과 평가체계를 구축하고자 하는 투자기관의 노력과 비용을 상당히 절감시키는 장치로 활용할 수도 있다.

제4장

K-ESG: 환경(Environment)

1

환경(Environment)

1) 환경경영 목표수립

환경경영의 목표는 기업이 의도적으로 달성하고자 하는 것이다. 목표 수립은 기업의 성과와 관련된 업무 활동을 위한 직접적인 선행조건이다. 기업은 목표 수립에 있어서 내부 성과관리와 대외신뢰도를 함께 고려해야 하기 때문이다. 목표 수립은 기업의 구성원들이 스스로 무엇을 해야 하는지를 쉽고 구체적으로 이해할 수 있도록 방향을 제시해야 한다.

즉, 목표는 주어진 자원과 여건에서 현실적인 달성이 가능하도록 수립되어야 한다. 그리고 목표 대비 이행현황은 측정이 가능한 정량적 수치로 제시되어야 바람직하다. 또한, 목표 달성에 필요한 기간을 정확히 제시하는 것도 잊지 말아야 한다. 끝으로 목표 달성을 통해 기대되는 효과와 영향을 예측하여 제시하는 것도 중요하다.

기업은 보유한 다양한 경영환경, 자원, 사업전략, 역량 그리고 최고경영진의 의지에 따라 환경에 대한 목표 수준을 적절하게 정해야 한다. 환경 목표수립은 국제 수준에 맞춰야 신뢰성, 타당성, 영향력을 확보할 수 있다. 수질오염 물질, 대기오염 등의 법적 허용기준의 국내·외 법과 규제에 적합한 수준, 동종 산업 평균에 맞춘 수준, 산업 내 최고 기업을 지향하는 수준 등을 함께 검토해야 적절한 수준을 파악해야 한다.

기간은 단기와 중·장기로 연간 단위로 구분할 수 있다. 일반적으로 국내의 'ESG 정보공시 범위'를 단기는 '1년 이하'로 권고하고 있으며, 중·장기는 '3년 이상'으로 정하고 있다. 하지만 기업이 직면한 대외환경, 산업경쟁, 기술개발과 추구하는 경영방식, 업무 관행, 성과관리 기준에 따라 단기와 중장기 기간을 유연하게 설정할 수 있다.

예를 들어, 경쟁이 치열한 산업이거나 기술발전 속도가 빠른 산업 분야에 속한 기업은 단기를 6개월, 중장기를 1년 이상으로 정할 수 있다. 그러나 사업모델의 변동이 안정적인 경영방식을 추구하는 기업은 단기적으로 3년 이내, 중장기를 10년 이내로 정할 수도 있다. 기업은 정보공시 창구를 활용해 산업별 평균이나 경쟁기업의 환경 분야 목표 수립에 관한 다양한 내용을 확인할 수 있다.[21]

---

21 환경경영 목표수립에 관련된 참고자료는 SASB Materiality Map, Sustainability Accounting Standards Board(2018), ESG Industry Materiality Map, MSCI Inc.(2020), Corporate Sustainability Assessment Companion, S&P Global Inc.(2021), 한국기업지배구조원의 ESG 모범규준(2021), 한국거래소의 ESG 정보공개 가이던스(2021)가 있다 (K-ESG 가이드라인, 2021).

2) 원부자재 사용량

원부자재는 상품을 생산하는 데에 있어 투입되는 원재료와 부재료를 통합한 말이다. 원부자재의 보관이나 보존상태, 보존하고 있는 장소의 안전관리 등의 항목을 정해 항목별로 기준을 바탕으로 점검해야 한다. 좁은 의미에서 보는 기업의 '원부자재 사용량'은 대량 생산이 가능한 광물, 전기·가스·증기업, 건설업, 제조업 등으로 한정하고 있다. 하지만 넓은 범위에서 보면, 서비스 운영·제공 과정에서부터 플라스틱, 종이, 광물 등을 사용하는 금융·보험, 정보·통신, 도매·소매, 운수·창고, 기타 전문 서비스업까지 확대될 수 있다.

원부자재는 재생 가능의 여부에 따라 구분되며 재생 가능한 원부자재[22], 재생 불가능한 원부자재[23] 등으로 분류된다. 그리고 원부자재의 소스(Source)에 따라 재생·재활용 원부자재[24]와 천연 원부자재로 다시 분류된다.

글로벌 ESG 정보공시는 표준 이니셔티브인 글로벌 리포팅 이니셔티브(Global Reporting Initiative)에서 제시한 원부자재의 지침에 적합하게 다음과 같이 구분하고 있다. 우선, 광물, 광석, 목재와 같은 천연자원으로 생산한 제품은 기초물질로 구분하고 있다. 그 밖에도 생산공정 중간에

---

22 재생 가능한 원부자재는 산림, 토지, 담수 등으로 자원을 채취 후 자연적인 과정으로 인해 본래의 수준으로 회복될 수 있는 천연자원이다(K-ESG 가이드라인, 2021).

23 재생 불가능한 원부자재는 금속, 광물, 석유, 석탄 등으로 자원을 채취한 후 다시 회복되기 불가능하거나 오랜 시간이 지나야 회복될 수 있는 고갈되는 천연자원이다(K-ESG 가이드라인, 2021).

24 재생재활용 원부자재는 재생이 가능한 원부자재인 천연자원을 원료로 활용하여 다시 사용할 수 있도록 만든 자원을 말한다(K-ESG 가이드라인, 2021).

투입되는 윤활유 등은 제조 공정에 필요한 중간재로, 최종 제품이 아닌 재료인 것이다. 광물, 광석, 목재 등과 같은 기초물질 이외 모든 유형의 재료와 구성 요소를 포함하는 반제품과 부품이 있다. 그리고 종이, 판지, 플라스틱을 포함한 포장용 재료이다.

기업은 산업 평균과 비교한 성과점검 방식 외에 기업의 과거의 사용량을 기반으로 수립한 목표와 대비할 수 있다. 또한, 기업이 자체적으로 수립한 원부자재 절감 목표와 비교할 수 있다. 그리고 기업이 벤치마킹한 경쟁기업과 비교하는 방식도 활용이 가능하다.

에너지 사용량은 기업의 생산성과 운영효율성에 직접적인 연관이 있다. 따라서 일반적으로 기업의 생산성과 운영효율성을 저하시키지 않고서는 에너지 효율성을 개선하는 것이 불가능하다. 그러므로 내부 분석자료를 근거하거나 외부 전문기관 조사결과를 통해 에너지 효율성이 최고 수준임이 입증되어야 결과를 단계별로 사용할 수 있다.

첫째, 기업은 연평균 성장률(CAGR)을 판단의 근거로 활용하는 경우, 과거 5년 동안의 원 단위 원부자재 사용량 비율의 증가하거나 감소하는 추세와 상황을 확인한다. 둘째, 연평균 성장률이 해당 기간 동안 평균 어느 정도 증가하거나 감소하였는지를 복리 기준으로 표현하는 기준이 있다. 셋째, 기업은 과거 5년의 연평균 성장률을 '0'점으로 하여 그보다 '양'의 수치를 보이는 경우 '증가'로 본다. 그리고 '음'의 수치를 보이는 경우는 '감소'로 판단한다. 만약 '0'이 아닌 다른 기준점을 설정하고 이보다 높거나 낮은 경우 '증가' 또는 '감소'로 판단할 수 있다. 기업은 정보공시 창구를 통해 산업 평균, 경쟁기입의 원 단위당 원부자재의 사용 여부를 확인할 수 있다.

3) 재생 원부자재 비율

제품의 생산에서 원료준비, 제품생산, 상품소비, 폐기물 처리로 이어지는 기존의 선형적 경제구조의 대안으로 유럽연합을 중심으로 3R(Reduce, Recycle, Reuse)[25]을 기반으로 한 자원순환형 경제모델로 전환되고 있다. 자원순환형 경제구조에서는 폐기물을 재활용하고 자원의 절약을 통해 자원의 순환성을 높이는 동시에 사회 전반의 지속가능성을 높이는 모델이다.

기업에서 '재생 원부자재 비율'의 산업군을 좁은 범위에서 보면, 대량 생산이 가능한 제조업, 전기·가스·증기업, 광업, 건설업 등의 원부자재를 가공하는 산업으로 한정된다. 그렇지만, 넓은 범위로 해석한다면 서비스 제공하는 과정에서 플라스틱, 광물, 종이 등을 사용하는 금융·보험

---

25 3R은 감소(Reduce), 재활용(Recycle), 재사용(Reuse)이 비용, 에너지 및 천연자원을 절약함으로써 지역사회의 환경보호와 기후변화를 선제적으로 대응하는 생활 전략이다(www.epa.gov)

업, 도매·소매업, 정보·통신업, 운수·창고업, 기타 전문 서비스업으로 확대될 수 있다.

'재생 원부자재'란 재활용 자원의 전부 또는 일부를 제품의 원료로 재사용하는 것이다. 기업의 재생 원부자재 사용은 천연자원을 보존하는 동시에 자원순환형 경제모델을 활성화할 수 있는 전략이다. 한편 기업의 관점에서 재생 원부자재 활용은 원부자재 사용의 비용을 절감하는 방법이 되므로 매우 중요하다.

글로벌 ESG 정보공시 표준 이니셔티브인 글로벌 리포팅 이니셔티브(Global Reporting Initiative)에서는 재생 원부자재 사용량 정보를 다음과 같이 정보를 공시하도록 요구된다. 예를 들어, GRI Standards 301-2(재활용된 투입재료 사용)의 공시에서 요구사항은 기업의 제품과 서비스의 생산에서 활용한 재생과정의 원부자재 비율을 보고하도록 한다.

기업은 연평균 성장률을 활용하여 지난 5년 동안의 재생 원부자재 사용 비율이 증가하거나 감소하는 상황과 추세를 확인한다. 연평균 성장률은 해당 기간 동안 평균이 어느 정도 증가 또는 감소했는지를 복리로 적용하여 표현한다.

기업은 지난 5년 동안의 연평균 성장률이 '0'을 기점으로 '양'의 수치를 보일 때 '증가', '음'의 수치를 보일 경우 '감소'라고 할 수 있다. 또한, '0'이 아닌 다른 기준점을 설정하여 이보다 높거나 낮은 경우 '증가'와 '감소'를 확인할 수도 있다. 기업별 홈페이지와 지속가능경영보고서의 정보 공시 창구를 통해 산업 평균, 경쟁기업의 재생 원부자재 사용에 관한 정보를 확인할 수 있도록 제공한다.

4) 온실가스 배출량

① 온실가스 배출량 1

기후변화의 주된 원인인 온실가스[26]는 여러 방법의 배출량 산정기준이 있다. 우선, 온실가스 배출량 1(Scope 1)[27] 직접적인 이산화탄소 배출을 기록한 것이다. 배출원은 BASF 현장의 배출을 의미하며 자체생산 공장과 전력 스팀 생성용 공장 등이 포함된다. 온실가스 배출량 산정방식은 Σ[이동연소+고정연소+탈루배출[28]+공정배출+폐기

---

26 온실가스는 온실효과를 발생시키는 대기 중의 과불화탄소(PFC-s), 메탄(CH4), 수소불화탄소(HFC-s), 아산화질소(N2O), 육불화황(SF6), 이산화탄소(CO2) 등이 대표적이다(www.100.daum.net).

27 Scope 1은 사업자가 직접 통제하여 배출하는 온실가스 배출이며, Scope 2는 사업자가 전력, 온수, 스팀, 열을 생산하는 과정에서 나오는 간접적인 온실가스 배출이다(www.epa.gov).

28 탈루배출은 화석연료의 연소를 제외하고, 채취과정에서 최종 소비 단계에 이르기까지 전 과정에서 여러 휘발 물질이나 가스가 함유된 물질 따위가 배출되는 것을 의미한다(「전 과정 평가 관점에서의 환경친화적 천연가스 공급체계 구축방안에 관한 연구」, 김옥균, 2001).

물 처리] 등을 모두 합한 것이다.

기업의 온실가스 배출량이 산업 내 어떠한 수준인지를 확인할 경우, 산업 평균과 비교하는 방법이 있다. 그 밖에도 여러 가지 방법이 사용된다. 첫 번째는 온실가스 배출권 관련 법률에 근거하여 할당량과 비교하는 방법이 있다(「온실가스 배출권의 할당 및 거래에 관한 법률」, 2017). 두 번째, 온실가스·에너지 목표 관리제에 따른 목표값과 비교하는 방법이 있다. 세 번째, 기업의 과거의 배출량을 근거로 수립한 목표와 비교하는 방법이 있다. 네 번째, 기업이 자체적으로 수립한 목표인 '과학 기반 목표 이니셔티브(SBTI)'[29]와 비교하는 방법이 있다. 끝으로 기업이 벤치마킹하는 경쟁 산업 및 기업과 비교하는 방식 등이 있다.

기업은 연평균 성장률을 통해 지난 5년 동안의 온실가스

---

29 과학기반 타겟 이니셔티브(SBTI)는 과거 기업의 배출량과 국가별 온실가스 감축 목표량을 설정하지 않고, 지구의 기온상승을 2.0℃ 이하로 관리하기 위한 시나리오를 근거로 온실가스의 감축 목표를 설정하도록 요구하는 기준이다. 이때 사용되는 산업별 온실가스 감축 목표를 설정하는 지침이 제공되고 있다(www.sciencebasedtargets.org).

배출량에 대한 증가 또는 감소하는 추세와 상황을 검토할 수 있다. 연평균 성장률은 해당 기간 동안 평균 몇 % 증가하였는지 또는 감소하였는지를 복리 기준으로 계산하는 방식이다. 만약 기업의 지난 5개 동안 연평균 성장률이 '0'일 경우, '양'의 수치는 '증가', '음'의 수치는 '감소'라고 판단하는 것이다. 이때 '0'이 아닌 다른 기준점을 설정할 수 있으며, 기준점보다 높을 경우는 '증가'하는 것이고, 낮은 경우는 '감소'한다고 판단한다. 이에 관해 기업은 산업 평균 또는 경쟁 기업의 온실가스 배출량 정보공시 자료를 확인할 수 있다.[30]

---

[30] 온실가스 배출량 1에 관한 참고자료는 온실가스 배출권거래제의 배출량 보고 및 인증에 관한 지침, 환경부(2014), 온실가스 배출권의 할당 및 거래에 관한 법률, 환경부·기획재정부·국무조정실(2020), 온실가스종합정보센터의 국가 온실가스 인벤토리 보고서(2020), Corporate Sustainability Assessment Companion, S&P Global Inc.(2021) 등에서 찾을 수 있다(K-ESG 가이드라인, 2021).

② 온실가스 배출량 2

Scope 2 온실가스(Scope 2)는 생산을 위해 구매하는 에너지를 공급자들이 생산할 때 발생하는 간접적인 이산화탄소 배출과 관련된 것이다. 배출량 산정방식은 Σ[구매 전기+구매 열(온수 또는 스팀)]의 총합한 것이다. 기업의 온실가스 배출량을 산업 내 어느 정도 수준에 있는지 점검하는 방식으로 산업 평균과 비교하는 방식이다.

이 외에도 사용하는 방법은 첫째 온실가스 배출권에 근거한 법률에서 제시된 할당량을 비교하는 방법이 있다(온실가스 배출권의 할당 및 거래에 관한 법률, 2017). 둘째, '온실가스·에너지 목표관리제'에 따른 목표값과 비교하는 방법이 있다. 세 번째는 기업의 과거 연도 배출량을 기반으로 수립한 목표를 비교하고 있으며, 넷째, 기업이 자체적으로 수립한 목표와 비교하는 방법이 있다. 끝으로 기업이 벤치마킹하는 경쟁기업과 비교하는 방식도 사용되고 있다.

기업은 연평균 성장률을 사용하여 과거 5년 동안의 온실가스 배출량 증가하거나 감소하는 추세와 상황을 검토할 수 있다. 연평균 성장률은 해당 기간 동안 평균 몇 % 증가하였는지와 감소하였는지를 복리 기준으로 산출하는 방식이다.

이를 통해, 기업에서 배출했던 온실가스의 지난 5년 동안의 연평균 성장률이 '0'일 때, '양'의 수치를 보일 경우 '증가', '음'의 수치를 보일 때 '감소'라고 할 수도 있다. '0'이 아닌 다른 기준점을 적용할 수 있으며, 기준값보다 높을 때 '증가'이며 낮을 때 '감소'로 판단할 수 있다. 기업은 정보공시 창구[31]에서 산업 평균과 경쟁기업에서 배출한 온실가스에 관한 정보를 확인할 수 있다.

---

31 정보공시창구는 '전자공시시스템'의 사업보고서, '기업별 홈페이지'의 지속가능경영보고서, '국가온실가스종합관리 시스템'의 명세서배출량통계에서 확인할 수 있다.

③ 온실가스 배출량 3

온실가스 배출량 3(Scope 3)은 가치사슬(value chain)[32]에 따라 생산되는 모든 다른 이산화탄소 배출을 포함한 것이다(서윤정 2014). 즉, 기업이 직접 소유하고 관리하는 사업장(경계) 이외의 가치사슬(value chain)로 인해서 발생하는 간접적인 온실가스 배출까지를 의미한다.

기업의 사업장(경계) 내에서 직접 배출되는 온실가스 배출량 1(Scope 1)과 외부 전력과 열 소비로 인해 배출되는 온실가스 배출량 2(Scope 2)와 달리 감축의 의무대상은 아니다. 하지만 기후변화의 이슈가 급격히 중요해짐에 따라 온실가스 배출량 3(Scope 3) 영역까지 추가적인 관리대상으로 포함될 필요성이 제기되고 있다. 특히, 경영활동

---

32 가치사슬이란 제품과 서비스의 생산을 위해 재료, 자본, 노동력 등 3대 자원의 결합과정이다. 가치사슬 분석은 최종 제품이나 서비스에 부가되는 가치(value)의 관점에서 각각의 활동을 분석하는 것이다(미디어 경영, 최성범, 2013).

전반을 내재화[33]한 기업과 달리, 사업 운영의 대부분을 외주(Outsourcing)를 준 기업은 온실가스 배출량 1(Scope 1)과 온실가스 배출량 2(Scope 2) 못지않은 온실가스 배출량 3(Scope 3)의 관리가 중요하다. 그린하우스 가스 프로토콜(GreenHouse Gas Protocol)의 '기업 가치사슬(Scope 3)의 회계 보고 표준'에서는 2011년에 발표했던 온실가스 배출량 3(Scope 3)의 유형은 다음과 같다.

온실가스 배출량 3(Scope 3)은 향후 법과 규제에 따라 의무화되어야 점검이 가능하다. 그렇지만, 산업계에서 온실가스 배출량 3(Scope 3) 관리에 대한 합의가 진행된다면 온실가스 배출량 3(Scope 3)에 대한 비교가 가능할 것으로 보고 있다. 이 경우, 기업은 산업 평균과 비교하여 온실가스 배출량 3(Scope 3)을 확인하고, 감축 상황을 함께 점검할 수 있다.

---

33 경영활동 내재화는 재료조달 → 상품개발 → 상품생산 → 유통 및 판매 → 유지 → 폐기가 한 기업에서 이루어지는 것으로 의미한다(K-ESG 가이드라인, 2021).

반면, 기업이 자율적으로 온실가스 배출량 3(Scope 3)
을 관리하는 경우, 과거의 배출량과 비교하는 방식을 선
택할 수 있다. 카본 트러스트(Carbon Trust)[34]와 같이 제
품에 대해 온실가스 배출량을 외부에서 인증받은 경우,
온실가스 배출량 3(Scope 3)의 검증을 받은 것으로 보고
있다.

④ 온실가스 배출량 검증

온실가스 배출량 검증은 온실가스(GHG) 검정의견서[35]
를 활용해서 검증할 수 있다. 「저탄소 녹색성장 기본법」
에 따라 국내 온실가스 감축 목표는 2030년 국가 전체의
온실가스 총배출량을 2018년 기준 40%를 줄이는 것을

---

34 영국 정부는 기후변화에 대한 대응과 탄소 감축을 위해 비영리기관인 카본 트러스트를 설립하여 탄소 발자국 산정과 인증, 저탄소 기술개발을 위한 지원사업을 추진하고 있다(www.carbontrust.co.kr).

35 온실가스(GHG) 검증의견서는 CO_2, CH_4, $HFCs$, N_2O, $PFCs$, SF_6의 배출량을 검증하는 의견서이다(K-ESG 가이드라인, 2021).

목표로 하고 있다. 이때 기준 이상의 온실가스를 배출하고 에너지를 소비하는 산업체나 사업장은 관리업체로 지정된다.

이 경우 해당 기업은 온실가스 감축과 에너지 절약의 ESG 목표를 설정하고 관리함을 의무화한다. 2021년 7월 발표된 관리업체에 대한 고시 기준을 살펴보면, 온실가스 및 에너지의 관리대상은 전체 350개이다. 담당 기관별로 나누어보면, 산업통상자원부가 201개로 가장 많았으며 다음으로 국토교통부가 93개, 농림축산식품부가 26개, 환경부가 22개, 해양수산부가 8개 순이다.[36]

---

36 온실가스 배출량에 관한 참고자료는 저탄소 녹색성장 기본법, (2020), 「환경기술 및 환경산업 지원법」, 환경부(2021), 온실가스·에너지 목표관리 운영 등에 관한 지침, 환경부(2021) 등이 있다(K-ESG 가이드라인, 2021).

5) 에너지

① 에너지 사용량

에너지 사용량은 '기업에서 직접 사용한 화석연료[37]', '기업에서 직접 사용한 재생연료', '외부로부터 구매한 전기와 열'을 모두 합산하여 산정된다. 이때, 양의 값은 '기업에서 생산한 전기와 열(스팀)'이며, 음의 값은 '기업에서 외부 기업과 기간으로 판매한 전기과 열'을 의미한다.

고체·기체·액체 연료의 에너지 사용량을 환산하는 방식은 연료 사용량과 총 발열량의 곱(연료 사용량×총 발열량)으로 산출하고 있다. 전기에너지 사용량 환산은 전력사용량과 발열량(소비)의 곱(전력사용량×발열량)으로 산출한다. 기업의 에너지 사용량이 산업 내 어느 정도 수준에 있는

---

[37] 화석연료는 가스, 석탄, 석유뿐만 아니라, 시추와 채굴과정에서 나오는 기체가 있으며, 재생에너지는 협의적으로 바이오 연료와 바이오매스이지만, 광의적으로 수력, 태양광(태양열), 풍력, 지열 등이 있다(K-ESG 가이드라인, 2021).

지 점검하고자 할 때는 산업 평균과 비교하는 방식을 사용하고 있다. 이 같은 방법 이외에도, 온실가스 할당량과 비교하는 방식이 있으며(온실가스 배출권의 할당 및 거래에 관한 법률, 2017), '온실가스·에너지 목표 관리제'에 목표와 비교하는 방식도 있다.

그리고 과거 기업의 배출량을 근거로 설정한 목표와 비교방식을 선택하기도 한다. 또한, 재생에너지 100(RE100)[38]은 국제적 합의에 따른 목표를 근거로 비교기준이 된다. 끝으로 몇몇 기업들은 벤치마킹하는 경쟁 기업의 온실배출량과 대비하여 비교하는 방식을 취하기도 한다.

에너지 사용량은 기업의 생산과 운영의 효율성 등과 직접 연결되어 있다. 따라서 기업의 생산성과 운영효율성을 떨어뜨리지 않고서는 에너지 효율의 개선이 불가능하다.

---

38 RE100은 재생에너지(Renewable Energy)를 의미하며, 기업에서 사용하는 전력량을 2050년까지 100% 재생에너지인 풍력·태양광 등으로 대체하는 국제 캠페인이다(https://terms.naver.com).

그러므로 기업의 내부 분석자료와 외부 전문기관에서 조사한 결과를 활용하여 에너지 효율이 가능한 최고 수준에 도달되었음을 입증하기 위한 5단계의 기준을 적용하고 있다.

기업은 연평균 성장률을 통해 과거 5년 동안의 에너지 사용량이 증가하거나 감소하는 추세를 확인할 수 있다. 연평균 성장률이 평균보다 증가하였거나 감소하였는지를 복리 기준으로 산출하는 방식이다. 기업은 지난 5년 동안의 연평균 성장률이 '0'일 경우, '양'의 값이면 '증가', '음'의 값이면 '감소'라고 판단한다. 이때 연평균 성장률 '0'이 아닌 다른 기준값을 선택할 수 있다. 이때 설정한 기준값보다 높을 경우는 '증가'이며, 낮을 경우는 '감소'라고 한다.[39]

---

39 에너지 사용량에 관한 참고자료는 저탄소 녹색성장 기본법, 국무조정실 (탄소중립위원회 사무처, 2020), 「에너지법」, 산업통상자원부(2021), 「온실가스·에너지 목표관리 운영 등에 관한 지침」, 환경부(2021) 등이 있다 (K-ESG 가이드라인, 2021).

② 재생에너지 사용 비율

신재생에너지[40]는 그동안 사용했던 화석연료를 변환하여 이용하거나 태양광, 태양열, 수력, 지열, 생물의 유기체 등을 에너지원으로 재생 또는 변환하는 에너지이다(「에너지 및 재생에너지 개발·이용·보급촉진법」, 제2조).

재생에너지 사용 비율은 기업이 사업을 운영하는 국가와 지역의 에너지 체계에 따라 결정된다. 이는 일조량, 대기 상태, 조류 흐름 등의 여러 조건에 따라 재생에너지의 사용을 확대하는 데에 여러 한계가 있기 때문이다. 국가별로 재생에너지의 이용과 확산을 위해 기업들이 재생에너지를 직접 구매하거나 생산하지 않더라도 재생에너지 사용을 인정하는 제도를 도입하고 있다.

이는 재생에너지 사용을 친환경 에너지 활용시스템으로 전환하려는 기업의 의지와 투자에 따라 충분히 달라질 수

---

40 신에너지는 연료전지, 수소, 석탄액화·가스화, 중질잔사유(vacuum residue) 가스화 등이며, 재생에너지는 수력, 바이오, 풍력, 태양광(태양열), 지열 등이다(K-ESG 가이드라인, 2021).

있기 때문이다. 이때 기업은 재생에너지 100(Renewable Energy 100)의 목표를 기준으로 설정하고 성과를 검증할 수 있다. 즉, 재생에너지 100에서는 10%, 30%, 50%, 70%, 100% 등급으로 성과를 점검하고 있다.

기업은 연평균 성장률을 사용하여 5년간의 재생에너지 사용 비율의 추세를 확인할 수 있다. 연평균 성장률의 평균이 증가와 감소를 복리 기준으로 산출하는 방식이다. 기업들은 5년 동안 연평균 성장률이 '0'일 경우, '양'의 값이면 '증가'이고 '음'의 값이면 '감소'한다고 본다. 연평균 값이 '0'이 아닐 경우, 다른 기준값을 설정할 수 있다. 이때 기준값보다 높은 경우 '증가'이며, 낮은 경우 '감소'이다. 기업은 정보공시 창구를 통해 산업 평균, 경쟁 기업의 재생에너지 정보를 확인할 수 있다.[41]

---

41 재생에너지 사용비율에 관한 참고자료는 「신에너지 및 재생에너지 개발·이용·보급 촉진법」, 산업통상자원부, 국무조정실(2021), 저탄소 녹색성장 기본법, 국무조정실(탄소중립위원회 사무처, 2020) 등이 있다 (K-ESG 가이드라인, 2021).

6) 용수

① 용수 사용량

UN의 환경경제회계시스템(SEEA; System of Integrated Environmental and Economic Accounting)에 따르면 '용수 사용량'은 다음과 같이 정의된다. 취수에 해당하는 경우는 공업용수 이외 표층수, 지하수, 토양수, 강우포집, 해양취수 등 여러 유형이 있다. 용수 사용량은 산업분류, 사업유형, 사업특성, 생산규모에 따라 많은 영향을 받는다. 따라서, 기업의 용수 사용량이 산업 내 어떤 수준에 있는지 점검하는 방식으로는 산업 평균과 비교하는 방식을 주로 사용하고 있다.

그 밖에도 기업이 취수를 받는 수원별 공급능력과 비교하는 방식도 사용된다. 기업의 사업장이 위치한 지역별 수자원 부존량과 대비하는 방식이 있다. 기업의 과거에 사용했던 용량에 근거하여 수립한 목표와 비교하는 방식도 있다. 기업이 자체적으로 수립한 용수 절감 목표와 비교하여 용수 사용량을 점검할 수 있으며, 동시에 기업의 경쟁 업체를 벤치마킹하여 용수 사용과 비교하는 방식도 사용할 수 있다.

용수 사용량은 기업의 생산성과 운영의 효율성과 직접적인 연관성이 있는 요소이다. 따라서, 기업의 생산성과 운영효율성이 저하되어야 용수 사용량의 효율이 개선된다. 이때 기업 내부 분석자료에 근거하거나 외부 전문기관의 조사 결과를 활용하여 용수 사용의 효율성을 5단계 기준으로 인증하고 있다.

기업은 연평균 성장률을 통해 지난 5년 동안의 용수 사용량 증가와 감소 추세를 확인할 수 있다. 연평균 성장률은 해당 기간 동안의 평균이 증가하거나 감소하였는지를 복리 기준으로 산출한 방식이다. 기업들은 일반적으로 5년간의 연평균 성장률을 기준값으로 설정한다. 이때 연평균 성장률이 '0'인 기준값에서 '양'의 값이 나타나면 '증가', '음'의 값을 나타내면 '감소'라고 할 수도 있다. 물론 '0'이 아닌 다른 기준값을 설정할 수 있으며, 이때 기준값보다 높으면 '증가'이고 낮으면 '감소'라고 본다. 기업은 정보공

시 창구를 활용해서 산업 평균, 경쟁기업, 지역별 용수량의 정보 등을 확인할 수 있다.[42]

② 재사용 용수 비율

물의 순환은 '빗물이 하천으로 내려가면 취수하여 1회 사용하고 배출하여 하천과 해양'으로 나가는 단계가 일반적이다. 용수 재사용은 이 같은 순환 과정에서 인공적인 순환을 추가한다. '빗물이 하천으로 이를 취수하여 사용하고 폐수를 정화 처리하여 재사용한 후 배출하여 하천과 해양'으로 보내는 과정이다. 이때 재사용의 정의는 재생처리된 폐수를 간접 재사용(Indirect Reuse)의 의미가 아닌, 기업의 산업활동에 재생처리된 폐수를 직접 재사용(Direct Reuse)하는 것만을 의미한다.

모든 기업에서는 산업의 특성에 따라 재사용과 재활용이 부적합한 수준인 하수, 오수, 그리고 폐수가 발생한다. 그렇지만,

---

42 용수 사용량에 관한 참고자료는 「물 관리 기본법(환경부, 2021)」, 「물환경보전법(환경부, 2021)」 등이 있다.

하수, 오수[43], 폐수를 재사용하거나 재활용할 수 있는 폐수처리 기술이 최근 발전하고 있다. 그러므로 기업의 용수 재사용 비율은 수자원 보호에 대한 기업들의 의지와 투자에 따라 충분히 달라질 수 있다. 이때 기업은 용수 재사용 100%를 목표로 하여 기준값을 설정하여 성과점검이 가능하다. 다시 말해, 재사용 용수 비율을 10%, 30%, 50%, 70%, 100% 등으로 구분하여 성과를 점검하고 있다(K-ESG 가이드라인, 2021).

기업은 연평균 성장률(CAGR)을 사용하여 5년간의 재사용 용수에 대한 증감 추세를 확인한다. 이때 연평균 성장률의 평균이 증가와 감소하였는지를 복리 기준으로 산출하는 방식이다. 기업은 5년간의 연평균 성장률이 '0'을 기준값으로 '양'의 값이면 '증가'로, '음'의 값이면 '감소'로 판단한다. 물론 이때 '0'이 아닌 다른 기준값을 설정할 경우, 이 기준값보다 높은 경우는 '증가'이며 낮은 경우 '감소'라고 한다. 기

---

[43] 오수(Sanitary Drain)와 폐수(Wastewater)는 고체성과 액체성 이물질이 섞여 있는 사용이 불가능한 용수이다. 하수(Sewage)는 일상생활과 산업활동으로 발생하는 오수나 폐수이다(K-ESG 가이드라인, 2021).

업들이 정보공시의 창구를 활용할 경우, 산업 평균과 경쟁 기업의 용수 재사용 정보를 제공받을 수 있다.

7) 폐기물

① 폐기물 배출량

폐기물은 일상생활이나 산업활동에 필요하지 않은 버려진 물질을 말한다. 일반적으로 쓰레기(garbage), 연소재(fly ash), 오니(sludge), 폐유(waste oil), 폐산(waste acid), 폐알칼리(waste alkali), 동물사체(animal carcass) 등이 대표적이다.

기업의 산업활동에서 발생하는 폐기물의 종류는 다음과 같이 구분된다.

ⓘ 건설폐기물[44]

---

44 건설폐기물은 건설과 토목의 공사에서 발생하는 폐기물이며, 대표적인 건설 폐재류는 폐아스팔트콘크리트, 폐콘크리트, 폐벽돌 등이 있으며, 기타 폐기물은 고철류, 목재류, 합성수지류 등이 있다(「건설산업기본법」 제2조 제4호).

② 사업장생활계폐기물[45]

③ 사업장배출시설계폐기물[46]

④ 지정폐기물[47]

폐기물 배출량은 산업분류, 산업특성, 생산규모에 따라 영향을 많이 받는다. 따라서, 기업의 폐기물 배출량이 산업에서 어떤 수준에 있는지 점검하는 방식으로 산업 평균과 비교하는 방식을 활용할 수 있다. 이때 업종별 총 폐기물의 배출량 비교하는 방식과 기업의 사업장이 위치한 지

---

45 사업장생활계폐기물은 사업장의 폐기물 중에서 배출시설계 사업장폐기물 이외로 발생하는 폐기물을 의미한다(「폐기물관리법」).

46 「대기환경보전법」, 「물환경보전법」, 그리고 「소음·진동관리법」에 근거한 사업장배출시설계폐기물의 정의는 배출시설을 설치하여 운영하는 사업장 또는 그 외 대통령령으로 정하는 사업장의 폐기물을 의미한다(www.wiki.0makes0.com; 비거니즘 전시 메뉴얼).

47 지정폐기물이란, 배출시설을 설치하여 운영하는 사업장폐기물 중 우리 주변 환경에 심각한 오염을 야기할 수 있는 폐유와 폐산이 있으며, 그 밖에 의료시설에서 발생하는 인체에 질병과 같은 위해(危害)를 줄 수 있는 의료폐기물 등이 있다(https://wiki.0makes0.com; 비거니즘 전시 메뉴얼).

역의 총 폐기물 배출량과 비교하는 방식이 있다. 또한, 기업의 과거 배출량 근거로 수립한 목표 비교하는 방법과 기업 자체적으로 수립한 폐기물 저감계획의 목표와 비교하는 방법이 있다. 끝으로 기업이 벤치마킹하는 경쟁기업의 결과와 비교하는 방식도 사용된다.

폐기물 배출량은 기업의 생산성과 직접적으로 연계되어 있다. 따라서 기업의 생산성과 효율성을 높일 경우, 폐기물은 더 많이 발생하는 상황이다. 기업 내부의 분석자료를 근거하거나 외부 전문기관 조사 결과를 활용하여 폐기물 관리의 효율성이 최고 수준임을 입증해야 한다. 기업은 연평균 성장률(CAGR)을 사용하여 지난 5개년 간 폐기물 배출량의 증가와 감소 추세를 확인힐 수 있다. 연평균 성장률은 기업이 배출한 폐기물의 5년 동안의 연평균 성장률이 '0'을 기준값으로 하여, '양'의 값을 나타내면 '증가'이고, '음'의 값일 경우 '감소'라고 본다. '0'이 아닌 다른 기준값을 설정하는 경우, 이보다 높으면 '증가한다.'라고 하고 낮으면 '감소한다.'라고 한다. 기업은 정보공시 창구를 통해

경쟁기업, 산업 평균, 지역별 그리고 업종별 폐기물 발생량을 확인할 수 있다.[48]

② 폐기물 재활용 비율

폐기물 재활용은 폐기된 원부자재[49]에서 활용이 가능한 자원과 재료를 회수하여 사용함을 의미한다. 즉, 폐기물 재활용의 유형은 폐기물을 재사용하거나 재생하여 이용하도록 만드는 활동, 폐기물로부터 에너지를 회수하거나 회수하도록 만드는 활동, 폐기물을 연료로 사용하는 활동 등을 의미한다(www.easylaw.co.kr).

폐기물 재활용과 관련된 법률은 3가지가 있다. 우선, 폐기물 재활용이 허용되는 경우는 폐기물관리법 제13조의

---

48 폐기물 배출량의 관련 참고자료는 폐기물관리법(환경부, 2021), 폐기물관리법 시행령(환경부, 2021) 등이 있다(K-ESG 가이드라인, 2021).

49 원부자재는 생산에서 원료이거나 원료와 함께 쓰는 재료를 의미하며, 재공품은 생산과정 공정 중에 있는 상품을 의미한다. 이때 이미 저장과 판매가 가능해진 반제품과는 의미가 다르다(K-ESG 가이드라인, 2021).

2 제2항 제4호, 폐기물관리법 시행령 제7조의 3 및 별표 4의 3, 「폐기물관리법 시행규칙」 제14조의 3 제2항 제2호에서 확인할 수 있다. 그리고 폐기물 재활용이 금지된 경우는 폐기물관리법 제13조의 2 제2항 제1호부터 제3호까지, 폐기물관리법 시행령 별표 4의 3, 폐기물관리법 시행규칙 제14조의 3 제2항 제1호 및 제3항에서 확인할 수 있다(K-ESG 가이드라인, 2021).

일부 산업을 제외하고는 기업은 폐기물 처리업체 등에 위탁하여 처리하고 있어 산업별 및 규모별 재활용과 재사용을 확인할 수 있는 대체값(Proxy)을 추정하는 것이 매우 어렵다. 따라서, 기업은 직접 산업 평균을 조사하여 비교하는 방식을 많이 활용하고 있다. 그 외에도 국내 총 폐기물의 재활용 비율과 비교하는 방식이 있으며, 기업이 과거에 재활용한 비율을 근거로 설정한 목표와 비교하는 방식이 있다.

또한, 기업이 자체적으로 수립한 폐기물 재활용 계획의 목표와 비교하는 방식이 있으며, 벤치마킹하는 경쟁 기업과 비교하여 성과를 점검하는 방식도 있다. 기업은 정보공시 창구[50]를 활용해서 산업 평균, 경쟁기업, 그리고 유형별 폐기물의 재활용 비율을 점검할 수 있다.[51]

8) 대기오염물질 배출량

K-ESG에서는 대기오염물질[52]을 황산화물(SOx)[53], 질소산

---

50 '한국환경공단' 연도별 전국 폐기물 발생과 처리현황, 폐기물 재활용 실적과 업체 현황, 재활용지정사업자 재활용실적, 포장재폐기물 발생량과 재활용량에 관한 내용을 확인할 수 있다.

51 폐기물 재활용 비율에 관한 참고 자료는 폐기물관리법(환경부, 2021), 폐기물관리법 시행규칙(환경부, 2021) 등이 있다.

52 대기오염물질은 대기와 관련된 법률에 근거하여 심사와 평가의 결과로 인정되는 가스와 입자를 의미한다(「대기환경보전법」, 제7조).

53 황산화물(SOx)은 황성분이 연소될 때 산소와 결합하면서 발생한 오염물질이다. 대표적인 황산화물은 황화수소(H2S)가 가장 많으며, 다음으로 이산화항(SO2)과 삼산화항(SO3) 등이 발생하고 있다(www.mk.co.k, 매경시사용어사전).

화물(NOx)⁵⁴, 그리고 미세먼지(TSP)⁵⁵ 등으로 분류하고 있다. 이는 한국환경공단의 '사업장 대기오염물질 총량관리제도'의 '관리대상인 오염물질'이기도 하다. '사업장 대기오염물질 총량관리제도'는 사업장의 배출 총량을 매년 할당된 기준을 준수하는 사업장에 대해 타 사업장으로부터 잔여 할당량을 구매할 수 있도록 하고 있다. 그러나 이를 초과한 사업장에 대해서는 총량에 대한 초과 과징금을 부과하고 있다.

이때 환경오염 공정시험기준의 관련 법률에 근거하여 대기오염물질의 배출농도와 배출가스의 유량을 측정하고 있다. 「대기환경보전법」에 의하면 대기오염물질에 대한 방지시설을 설치한 사업장은 동법의 별지 제7호 서식에 따라

---

54 질소산화물(NOx)은 산소와 질소가 결합한 형태 화합물이다. 이로부터 발생한 대표적인 오염물질은 일산화질소(NO)나 이산화질소(NO2)이며 NOx로 표기하고 있다(www.mk.co.k, 매경시사용어사전).

55 미세먼지(TSP; Total Suspended Particulate)는 일반적으로 PM2.5와 PM10로 구분하고 있다. 이때 대기 중에 부유 상태로 인한 총 먼지의 양이 TSP이며, $\frac{2.5}{1000}$보다 작은 먼지입자를 PM2.5로, $\frac{10}{1000}$보다 작을 경우 PM10으로 표시한다(www.100.daum.net).

대기오염물질의 운영기록부 작성을 생략할 수 있는 혜택이 있다. 그러나 방지시설 설치 면제사업장에 대해서는 성과점검을 하지 않는다.

기업이 대기오염물질 배출 수준을 점검하는 방식은 일반적으로 사용하는 산업 평균과 비교하는 방식이 주로 사용된다. 그 외 4가지 방식은 다음과 같다. 첫째, 대기오염물질 총량관리제와 대비하는 방식이다. 두 번째는 기업의 과거 배출농도를 기반으로 수립한 목표와 비교하는 방식이다. 세 번째는 기업이 자체적으로 수립한 대기오염물질 저감의 목표와 비교하는 방식이다. 네 번째, 경쟁 기업과 비교하는 방식이 있다.

기업은 실제 운영 중인 사업장이 위치한 국가나 지역의 법률(「대기환경보전법」 제15조)과 지방자치단체장이 정하고 있는 별도의 '법적 허용기준'을 통해 대기오염물질을 줄이는 결과를 검증할 수 있도록 한다. 기업은 지속가능경영 보고서와 한국환경공단-에어코리아 등의 정보공시 창구를 통해 경쟁 기업이나 지역별 산업단지에서 발생한 대기오염물질의 농도를 확인할 수 있다.

9) 수질오염물질 배출량

수질오염물질은 화학적 산소요구량(COD)[56], 생물학적 산소요구량(BOD)[57], 그리고 부유물질량(SS)[58] 등이 있다. 이는 「물환경보존법 시행규칙」 별표13의 '수질오염물질의 배출허용기준' 항목이다. 수질오염물질 배출농도는 환경분야 시험·검사 등에 관한 법률 제6조1항에 따라 환경오

---

56 화학적 산소요구량(COD)은 화학적 산소 소비량을 말한다. 많은 폐수 중에서 유기물에 의한 산소량을 ppm이나 mg/L로 표시한다. 폐수 기준인 COD값 측정은 100°C에서 과망간산칼륨에 의해 소비된 산소량 측정법이다(www.100.daum.net, 물백과사전).

57 생물화학적 산소요구량(BOD)은 물속에 녹아 있는 각종 유기물을 분해하는 호기성 미생물이 사용하는 산소량으로 ppm(mg/ℓ)으로 표시한다. ppm은 $\frac{1}{100만}$의 농도 단위이다(www.mk.co.k, 매경시사용어사전).

58 부유물 질량(Suspended Solids)은 폐수의 유기물 총량으로, mg/L이나 ppm의 단위로 표시한다(www.dic.daum.net).

염공정시험기준에 근거하여 측정한다(K-ESG 가이드라인, 2021). 「물환경보전법」에 근거한 수질오염물질 방지시설의 설치에 대한 면제사업장은 수질오염물질배출의 결과를 따로 확인하지 않는 혜택이 있다.

일반적인 기업의 수질오염물질 배출점검방식은 산업 평균과 비교하는 방식이 있다. 그 외에도 방류된 폐수 또는 폐수처리시설과 연결된 수계의 평균 오염농도와 비교하는 방식을 사용하고 있다. 기업은 과거 배출농도를 근거로 수립한 목표와 비교하는 방식이 있으며, 자체적으로 수립한 수질오염물질 저감 목표와 비교하는 방식을 사용하고 있다. 끝으로 경쟁 업체와 비교하는 방식도 종종 사용하기도 한다.

기업은 「물환경보전법 시행규칙」 제34조 별표 13와 사업장이 위치한 지방자치단체장의 별도로 정한 '허용기준'에 근거하여 수질오염물질의 저감 결과를 확인할 수 있다. '법적 허용기준'과 비교하여 성과를 점검하는 방법은 다음과 같다. 기업은 수질오염물질 배출농도를 근거로 성과를 확인할 수 있다. 그러나 '수질오염총량제도[59]' 비교하여 성과를 검증할 수도 있다. 기업은 지속가능경영보고서와 환경부의 물환경정보시스템의 정보공시 창구를 활용하여 산업 평균, 경쟁 기업, 지역이나 업종마다 폐기물이 발생하는 총량을 확인할 수 있다.

10) 환경법과 규제위반

환경에 관한 법률과 규제의 위반행위는 오염물질 불법 배출에 대해 가중처벌, 환경보호지역 오염행위에 대한 가중처벌, 멸종위기에 처한 야생생물을 포획하는 경우의 가중처벌, 폐기물을 불법적으로 처리하는 경우의 가중처벌, 과실범, 누범의 가중, 그리고 명령에 대한 불이행자 처벌의 규정 등이 있다. 또한, 「대기환경보전법」에 근거한 비산

---

59 수질오염총량제도는 폐수의 오염물질 농도를 규제하는 것이 아닌, 폐수 중 오염물질 총량을 규제하는 방식을 의미한다(www.me.go.kr)

먼지 발생 억제시설을 설치하지 않았거나 적절한 조치를 취하지 않은 경우, 폐기물관리법의 생활폐기물을 불법 처리하는 행위와 같은 환경 범죄는 관련 법에 근거하여 단속하거나 가중처벌 수위를 아래와 같이 정하고 있다.

우선, 제3조는 오염물질 불법 배출의 가중처벌에 관한 내용이다. 제4조는 환경보호지역 오염행위 등의 가중처벌이 있다. 그리고 제5조는 과실범에 관한 내용이다. 제6조는 멸종위기 야생생물을 포획하는 경우의 가중처벌에 관한 내용이 있다. 제7조는 폐기물 불법처리의 가중처벌의 내용이다. 제8조는 누범의 가중 내용이며, 제9조는 명령 불이행자에 대한 처벌에 관한 것이다. 제10조는 양벌규정의 내용이며, 제11조는 추정에 관한 것이다. 제12조는 과징금에 관한 것이며, 제13조는 행정처분 등에 관한 것이며, 제14조는 행정처분 효과의 승계에 관한 것이다.

그 밖에도 환경에 관한 법과 규제 위반사항과 이에 대한 처벌 수위는 해당 환경법에서 각각 확인할 수 있다. 기업은 확정 판결된 환경의 법률과 규제의 위반 건수와 처벌 수위에 대해 그 결과를 확인할 수 있다. 이 외에도 기업에 심각한 비용 손실이 야기되는 벌금액이 영업이익의 1% 이상인 경우에 대해서는 과태료, 벌금, 그리고 과징금이 부과된 환경에 관한 위반 건수를 기준으로 성과를 확인해 공지해야 한다.

기업은 확정 판결된 환경법과 규제 건수를 확인해야 한다. 그리고 현재 소송과 심리가 진행 중이라면 환경법과 규제에 대한 위반사항에 대한 검토사항과 향후 대응계획을 이해관계자에게 공지해야 한다. 아직 확정 판결되지 않았으나 기업에 상당한 영향을 미치는 재무적 또는 평판적 관점에서 소송과 심리 건수는 이해관계자에게 매우 중요한 정보이다. 그러므로 현재 진행 중인 소송과 심리 건에 대해서는 발생 사유, 법적 대응 경과, 향후 개선계획, 충당금 설정 현황 등에 관한 정보들을 공개해야 한다. 기업은 '전자공시시스템'과 '지속가능경영보고서'를 활용해서 정보공시 창구를 통해 동종산업, 경쟁 업체의 환경법과 규제에 대한 위반 내용을 파악할 수 있다.

11) 친환경 인증과 서비스 비율

친환경 제품의 서비스 인증은 제품과 서비스 자체의 친환경성을 인증하는 것, 기업의 제품과 서비스 등이 환경에 미치는 영향에 대한 정량적 정보를 표시하는 것, 제3자 기관의 공신력 있는 인증을 획득하거나 글로벌 표준규격을 적용하여 자체적인 기업의 선언 등으로 다양하다. 친환경 제품, 서비스 인증표준, 관련 제도는 국가별, 지역별, 상품과 서비스 유형별로 다양하게 도입되고 있다.

기업은 해당 산업에서 통용되는 친환경 제품의 서비스 인증표준, 관련 제도를 파악할 수 있다. 이를 통해 해당 인증을 획득한 제품과 서비스가 차지하는 비율에 대한 관리가 가능하다. 해외의 주요 인증은 CE Marking[60], ISO14021,

---

60 CE Marking은 EU에서 인정한 환경과 건강의 안전 요건을 충족하는 제품에 부착하는 마크이다(한국표준기술연구소, 2021).

ISO14024, 그리고 ISO14025[61] 등이 있다. 그리고 국내에서 활용되는 주요 인증은 녹색기술제품확인[62], 저탄소제품[63], 환경마크[64], 환경성적표지[65], GR 인증[66] 등으로 다양하다.

국내·외의 친환경 인증표준과 제도들이 다양하게 나타나고 있는 동시에, 기업이 자체적으로 친환경 제품과 서비스를 대외 선언하는 방식이 시장에 통용되고 있다. 그러나

---

61 ISO14021는 제품의 전(全) 과정에서 환경성과를 통계적으로 분석하여 인증 결과를 상품에 표시하는 것이며, ISO14024는 제품의 친환경성을 생산자가 붙이는 마크이며, ISO14025는 제품생산 과정에 대한 환경데이터를 산출하여 제품에 표시하는 마크이다(K-ESG 가이드라인, 2021).

62 녹색기술제품 확인은 녹색기술을 활용한 상품임을 인증하는 것이다(저탄소녹색성장기본법).

63 저탄소제품는 탄소 발생 누적값이 최대허용량 이하인 제품이다(저탄소녹색성장기본법).

64 환경마크는 같은 용도의 제품과 비교하여 환경성을 개선하기 위한 과정과 노력이 투입되어 생산된 제품에 대한 환경마크의 인증이다(www.el.keiti.re.kr).

65 환경성적표지는 상품에 대한 환경정보를 표시하여 인증한 것이다(www.epd.or.kr).

66 GRP(Good Recycled Product)은 재활용 상품의 품질을 인증하는 제도이다(K-ESG 가이드라인, 2021).

이에 대한 산업별, 기업규모별 친환경 제품과 서비스 규모에 관한 대용값(Proxy)을 확보한다는 것은 한계가 많다. 따라서, 기업이 직접 산업 평균을 조사하는 방식이 주로 사용된다.

그 밖에도 기업들의 과거 친환경 제품과 서비스를 인증하는 비율을 근거로 수립했던 목표와 비교하는 방식이 있다. 기업의 친환경 제품과 서비스 개발 방향에 관한 자체 수립한 목표와 비교하는 방식과 기업이 벤치마킹하는 경쟁 기업과 비교하여 성과를 점검하는 방식이 있다.

동종산업이라도 기업이 생산과 판매하는 제품과 서비스가 매우 다르다. 따라서, 기업의 전체 제품과 서비스를 모수로 한다. 이 중 친환경 인증 제품과 서비스 비율을 관리하거나 이를 산업 평균과 비교하는 것은 무리가 있다. 기업은 산업 평균과 비교하기 위해 '전체 제품과 서비스'가 아닌, 기업의 '주력 제품과 서비스'를 특정하여 산업 평균과 비교하는 방식이 채택된다.

제5장

K-ESG:
사회(Social)

1

경영환경(Business environment)

1) 경영환경의 목표수립과 정보공개

중대성 평가(Materiality Test)는 많은 기업이 활용하는 방법 중 하나로, 기업경영의 핵심 이슈와 외부환경에 중요한 영향력을 파악할 수 있다. 기업은 사업경영과 연관된 모든 직·간접적인 규제를 관리해야 하며, 동시에 사업성과를 도출하기 위해서도 이와 관련된 핵심 이슈를 목표로 설정하고 성과관리를 할 필요가 있다. 기업이 관심을 가지고 수립할 수 있는 경영환경의 목표와 관련된 핵심 이슈의 범위는 5가지이다. 첫째, 인권보호, 둘째,

산업재해 방지, 셋째, 협력사의 ESG 경영지원, 넷째, 개인정보보호, 다섯째, 소비자를 위한 정보공개 등이다.

목표의 핵심은 기업이 위의 5가지 핵심 이슈를 의도적으로 달성하고자 하는 방향성이다. 이때 기업의 성과와 관련된 행동을 위한 직접적인 선행조건이 있다. 사회 영역의 목표수립은 기업 자체의 성과관리 성공 가능성과 대외적 신뢰성을 확보하기 위해 다음 5가지 조건을 충족해야 한다.

① 기업 구성원들이 이해하기 쉽고 구체적일 정도로 명확해야 한다.

② 주어진 기업의 보유자원과 여건에 맞춰 현실적이고 달성 가능해야 한다.

③ 목표를 이행할 수 있도록 현황 자료는 측정이 가능한 계량적 자료이어야 한다.

④ 목표 달성에 필요한 시간을 명확히 제시해야 한다.

⑤ 목표를 달성하여 현실적인 파급효과와 영향력을 제시해야 한다.

기업은 보유자원, 보유역량, 경영환경, 사업전략, 최고경영진의 의지에 따라 목표 수준을 다르게 정할 수 있다. 기업의 목표 수준에 대한 신뢰성, 타당성, 그리고 영향력 등을 검증하기 위해서 국제노동기구(ILO)[67] 기준에 따라 아동노동 금지가 국제 합의 수준 정도, 중대 재해 처벌기준에 대한 국내·외 법과 규제를 준수 정도, 동종산업 평균에 맞춘 수준 정도, 산업 분야에서 최고 기업을 지향하는 수준 정도 등을 검토해야 한다.

목표수립 기간은 단기와 중장기라고 구분하고 있으며, 일반적으로 연 단위로 설정하고 있다. 단, 기업이 직면한 산업의 경쟁상황, 대내외적 환경변화, 급변하는 기술개발 수준, 기업의 경영방식, 일반적 업무의 관행, 기업의 성과관리 기준 등에 따라 단기목표와 중장기 목표를 다르게 정의하기도 한다.

---

[67] 국제노동기구(ILO)는 노·사·정의 삼자 협의기구이다. 2004년 현재 177개국이 가입하였으며, 한국은 1991년 회원국으로 가입하여 1996년부터 이사국으로 활동하고 있다(국가기록원;www.archives.go.kr).

예를 들어, 경쟁이 치열한 산업이거나 기술발전 속도가 매우 빠른 산업 분야에 속한 기업은 단기목표를 1년 단위로 설정하고, 중장기 목표를 3년 단위로 설정한다. 그러나 산업의 변동이 크지 않은 매우 안정적인 경영을 추구하는 기업은 단기목표를 3년 이내로 정하고 있으며, 중·장기목표를 10년 이내로 설정하기도 한다.[68]

2) 고용

① 신규 채용과 고용 유지

신규 채용[69]은 지역사회의 일자리 창출과 고용 안정성 증대를 통해 사회의 지속가능성 향상을 위한 필수요소이다.

---

68 목표수립 및 공시에 관한 참고자료는 기업공시제도 종합 개선방안(금융위원회, 2021)이 있다.

69 신규 채용이란, 기업이 새롭게 필요한 근로자를 구직자의 채용과정을 통해 서류 심사 등으로 채용하는 것이다. 이때 신규 채용은 비정규직을 제외한 정규직을 의미한다(통계청, 경제활동인구조사).

하지만 기업이 속한 산업 분야의 특성과 기업규모 등의 다양한 외부환경을 고려할 경우, 무조건적인 신규채용 확대는 바람직하지 않다. 따라서 이 항목은 기업의 부가가치 창출 현황과 신규 고용인원을 통해 상대적인 신규 채용 수준을 점검하고자 설계된 것이다.

부가가치란 기업의 생산활동으로 창출된 새로운 가치로서 산출액의 중간소비와 중간투입에서 차감한 것이다. 특히, 기업의 이익 중에는 주주에게 귀속되는 순이익과 더불어, 다양한 이해관계자에게 속하는 이익을 모두 측정한다. 이는 기업의 부가가치를 분배하는 관점에서 접근하는 것으로, 부가가치의 계산방법은 「한국은행의 기업경영분석 통계」를 참고할 수 있다.

기업은 신규인력을 채용하는 과정부터 나이, 지역, 학력, 성별, 자산 등을 이유로 차별해서는 안 된다. 「채용절차의 공정화에 관한 법률」 제4조의 3에서는 구직자에 대하여 ① 키, 얼굴, 용모, 체중 등 개인의 신체 조건, ② 출신 학교 및 지역, 결혼유무, 재산 ③ 가족의 직업, 재력,

학력에 관한 정보를 요구해서는 안 된다고 명시하고 있다. 이때 기업은 청년, 고령자, 장애인에게 양질의 일자리 기회를 충분히 제공해야 한다. [70]

② 정규직 비율

일반적으로 통계청은 경제활동인구조사의 근로유형을 ① 한시적 근로자, ② 시간제 근로자, ③ 파견과 용역의 비전형 근로자(비정규직)를 제외한 임금근로자로 구분한다. 기업은 유연한 경영환경을 위해 비정규직 근로자를 채용하고 있다. 그러나 비정규직 근로자는 고용불안과 근로조건 등의 차별로 인해 사회적 문제가 발생하고 있다. 이로 인해 비정규직의 문제에 대해 해결을 요구하는 사회적 여론이 점점 커지고 있다.

통계청에서 발표한 경제활동인구조사에 따르면 2020년 우리나라 비정규직 비율은 36.3%가 넘고 있다. 지난 5년

---

70 신규 채용 및 고용 유지에 관한 참고자료는 한국은행 홈페이지(www.bok.or.kr), 고용노동부 홈페이지(www.moel.go.kr), 경제활동인구조사 근로 형태별 부가조사 결과(통계청, 2021) 등이 있다.

간 상승하는 추세에 있다. 이에 반해, 비정규직 근속기간은 정규직 근로자와 비교하여 점점 짧아지고 있어 고용불안이 심각해지고 있다.

정규직 비율과 기업의 지속가능성 간의 유의미한 관계는 아직 정의되지 않았다. 하지만 이 같은 현상은 단순히 비정규직 근로자의 채용만을 문제 삼는 것이 아니라, 사용자인 기업의 바람직한 비정규직 사용과 처우에 대한 고민의 부재와 이에 대한 지원과 해결하기 위한 정부 차원의 노력이 아직은 부족함을 의미하는 것이다.

기업의 정규직 비율 확대가 우리 사회의 고용안정과 일자리 지속성에 긍정적일 수 있다는 가정하에, 정규직 근로자[71]의 비율을 검증함으로써 기업이 사회적 고용의 안

---

71 정규직 근로자는 승진과 단체협약이 가능한 계약 기간을 정하지 않고 사업주와 계약한 근로자이다. 파견근로자는 사용사업장에 파견되어 근무하는 파견사업주에게 고용된 근로자이다. 용역근로자는 용역업체가 고용하고 다른 사업체에서 근무하는 근로자이다. 일일근로자는 일이 발생할 때마다 단기간 호출되어 근무하는 근로자이다(K-ESG 가이드라인, 2021).

정성[72]을 향상시키는 것에 어느 정도 기여하는지 파악하기 위함이다.

우리나라는 비정규직 근로조건 개선과 고용안정뿐만 아니라, 비정규직의 권익보호를 목적으로 기간제 및 단시간 근로자 보호 등에 관한 법률, 파견근로자보호 등에 관한 법률, 노동위원회법 등을 제정하여 시행되고 있다.

③ 자발적 이직률

이직(퇴사)은 인적자원을 감소시켜 생산성에 좋지 않은 영향을 미칠 수 있다. 이직은 기업의 인건비와 관련 비용과도 직접적인 관련이 있다. 이직률은 근로자가 느끼는 미래에 대한 불확실성과 근무환경의 불만족도를 나타내기 때문에 기업경영 구조의 근본적인 변화를 의미하는 지표로써 활용될 수 있다.

근로자의 이직(퇴사)은 자발적 이직과 비자발적 이직으로

---

72 고용안정성이란 실직이 발생할 때 손실되는 소득변동을 보장하거나 보호하는 것이다(K-ESG 가이드라인, 2021).

크게 구분된다. 비자발적 이직인 경우는 고용계약 종료, 구조조정, 합병과 해고로 인한 면직, 정년퇴직, 사망 등으로 근로자의 의사와는 무관한 이직과 퇴사를 모두 의미한다.

기업은 직전 1개년도 '동종산업 평균 퇴사(이직)율'을 활용하여 산업 평균과 이직률(퇴사율)을 비교하여 확인한다. 그리고 5년 동안의 이직률 추세를 함께 확인함으로써 기업의 상대적인 인적자원 관리 수준을 확인할 수 있다.

이때 기업은 연평균 성장률을 활용하여 지난 5년간의 이직률과 퇴사율 증가와 감소 추세를 확인한다. 연평균 성장률은 해당 기간 동안 평균적인 증가나 감소의 %를 복리 기준으로 표현하는 방식이다. 기업은 연평균 성장률의 지닌 5개년 긴 값을 '0'으로 할 경우, '양'의 값을 보일 때는 '증가', '음'의 값을 보일 때는 '감소'라고 한다. '0'이 아닌 다른 기준점을 설정할 수 있으며, 이보다 높은 경우 '증가'이며 낮은 경우는 또는 '감소'이다.

기업의 이직률과 퇴사율은 사업특성, 산업분류, 그리고 생산규모에 의해 영향을 받는다. 따라서, 이직률(퇴사율)이

산업 내에서 어떤 위치에 있는지 확인하는 방식은 ① 관련 산업 평균과 비교 및 대조하는 방식, ② 기업의 이직률과 퇴사율(Business As Usual)과 비교하는 방식, ③ 기업이 자체적으로 수립한 목표 대비 달성도와 비교하는 방식, ④ 벤치마킹하는 경쟁 업체와 비교하는 방식 등이 있다.

산업 평균과 경쟁 기업의 이직률과 퇴사율의 정보는 각 기업의 사업보고서, 홈페이지, 지속가능경영보고서, 그리고 고용노동부 관련 산업통계자료(산업/규모별 고용현황 등)를 통해 검증할 수 있다.

국제 ESG 정보공시 표준 이니셔티브인 GRI(Global Reporting Initiative)에서는 자발적인 경우와 비자발적인 경우 모두를 포괄한 기업의 이직률을 모두 공개하고 있다. 이직률의 정보는 성별(Gender), 나이(Age), 지역(Region)별로 나누어 공개한다. 만약 성별이나 연령별로 이직률의 차이가 크게 나타나는 경우, 기업의 잠재적인 불평등과 차별이 존재할 수 있다고 본다.

④ 교육훈련비

 기업은 업무 수행에 필요한 교육과 훈련을 정기적으로 실시하여 구성원의 역량을 높이고 있다. 이 같은 교육훈련의 성과는 구성원의 몰입도를 높여 기업의 생산성 향상을 높임으로써 시장 경쟁력을 높일 수 있다. 기업은 단기적인 이익 창출을 기대하는 반면에, 교육훈련은 장기적인 투자가 소요되기 때문에 구성원의 교육훈련[73]에 대해 소극적이고 수동적일 때가 많다. 그렇지만 장기적 관점에서 보면, 지속가능한 성과창출을 위한 투자의 초점을 맞추는 것이 바람직하다.

 결과적으로 교육훈련비는 기업의 현재와 미래 경쟁력을 위한 필수요소이며, 지속가능한 경영을 위한 역량을 구성원의 인력양성 측면에서 볼 필요가 있다. 그렇지만, 기업은 전체 구성원과 교육훈련의 지출비를 서로 비교하는 방식을 많이 활용하는 것이 일반적이다. 즉, 기업의 규모와

---

73 교육훈련은 직무를 수행함에 있어 요구되는 전문적인 기술, 지식, 가치관, 태도 등의 역량을 높이기 위한 활동이다(www.dic.daum.net).

R&D 투자 등의 요소에 의해 교육훈련비가 영향을 받기 때문에, 기업은 '원 단위' 개념에서 기업의 매출액, 영업이익, 생산량을 기업의 특성에 적합하게 '원 단위'를 개별적으로 적용하고 있다.

많은 기업에서는 인적 자원관리에 대해 구성원 수를 기준으로 1인당 교육훈련비를 산정한 후, 전체 산업 평균과 비교하는 방식을 여전히 활용하고 있다. 이때 과거 5년 동안의 1인당 교육훈련비 추세를 반영하여 점검하기도 한다.

산업 평균 비교하여 1인당 교육훈련비를 산정하는 방식 이외에도 기업의 교육훈련비 수준을 점검하는 방식은 다음과 같은 방법이 있다. 기업의 과거 교육훈련비용과 비교하는 방식, 기업의 자체적인 목표와 비교하여 달성도를 확인하는 방식, 벤치마킹하는 경쟁 기업의 성과와 비교하는 방식 등이다.

이때 기업에서는 연평균 성장률을 통해 지난 5년 동안 1인당 교육훈련비의 증가와 감소를 확인한다. 연평균 성장률은 해당 기간 동안 평균 어느 정도 증가 또는 감소하는

지를 확인하는 방식이다. 기업에서는 지난 5년간의 연평균 성장률이 '0'을 기점으로 '양'의 값이면 '증가'이고, '음'의 값이면 '감소'로 본다. 이때 '0'이 아닌 다른 기준점을 설정하여 '증가'와 '감소'를 검증하기도 한다.

산업 평균이나 경쟁 업체의 교육훈련비 정보는 각 기업체의 사업보고서, 회사 홈페이지, 그리고 지속가능경영보고서의 공시자료에서 확인할 수 있다. GRI(Global Reporting Initiative)에서는 고용인 1인을 기준으로 연간 평균 교육훈련과 직무교육의 시간과 프로그램에 관해 정보를 공개하고 있다. GRI는 교육훈련을 통해 구성원의 역량을 증대시키고 인적자원을 개선하는 것이 기업의 발전을 위한 핵심 과정이라고 명시하며 교육훈련의 중요성을 언급하고 있다.[74]

---

74 교육훈련비에 관한 참고자료는 직업교육훈련 촉진법(고용노동부, 2021), GRI Standards- 404(Training and Education), (Global Reporting Initiative, 2016) 등이 있다.

⑤ **복리후생비**

　복리후생은 기업에서 구성원들에게 제공하는 대표적인 비임금성 보상으로 기업복지와 근로복지 등으로 불리기도 한다. 최근 워라밸(Work and Life Balance)은 여러 라이프 스타일(lifestyle) 중에서 일과 삶의 균형이 중요한 사회적 이슈로 떠오르면서, 복리후생은 구직자가 기업을 선택하는 중요한 기준으로 자리 잡고 있다. 이는 노동과 복리후생에 대한 사회의 인식이 빠르게 변화하고 있기에 가능하다. 이 같은 복리후생은 구성원의 만족도를 높이고 핵심 인재를 확보하여 기업을 유지하고 성과를 향상하는 데에 영향을 주고 있어, 기업에서는 효과적인 복리후생 프로그램을 운영하기 위해 많은 관심과 노력을 기울여야 한다.

　복리후생[75]은 법률적 복리후생과 일반적 복리후생으로

75　복리후생은 근무자의 업무능률을 높이고 근무자의 후생을 향상시키기 위해 법인의 보너스, 특별상여, 주식배당, 유급휴가, 유급병가 등의 재정적 급부와 보험급여, 휴가시설이용, 유연한 업무 스케줄, 여행기회, 은행서비스, 훈련과 개발 등 비임금성 보상을 의미한다(HRD 용어사전, 2010).

정의된다. 법률적 복리후생은 연차휴가, 육아휴직, 퇴직금, 출산 전·후 휴가, 그리고 직장어린이집 설치 등이 있다. 이에 관한 근거법은 「근로기준법」, 「남녀고용평등과 일·가정 양립 지원에 관한 법률」 등이 있다. 그 밖의 복리후생은 경조사 지원, 학자금 지원, 의료비 지원, 심리상담과 같이 다양한 여건에 따라 기업마다 다양한 제도들이 선택적으로 운영된다. K-ESG 가이드라인의 복리후생은 법정 복리후생과 각 기업이 자율적으로 운영하는 복리후생 모두를 포함하고 있다.

복리후생비는 기업의 전체 구성원 수와 복리후생 지출 비용을 비교하는 방식이 일반적이다. 다만, 산업의 특성과 기업의 규모(매출액, 영업이익, 생산량 등) 등이 다양한 요인에 따라 영향을 받을 수 있다. 그러므로, 기업의 매출액과 생산량 등 기업의 특성에 맞는 '원 단위'를 활용하여 비교하고 분석하고 있다. 인적자원관리의 기본요소인 기업의 고용자 수를 근거로 구성원의 1인당 복리후생비를 산정하여 당해 산업 평균과 비교한다. 또한, 과거 5년 동안의 1

인당 복리후생비 추세를 함께 점검하기도 한다.

산업 평균의 복리후생비와 1인당 복리후생비를 비교하는 방식 외에도, 기업의 복리후생비 수준을 점검하는 방식에는 ① 산업체의 과거 복리후생비(Business As Usual)와 현재를 비교하는 방식, ② 기업이 자체적으로 수립한 목표계획 달성도와 비교하는 방식, ③ 벤치마킹하는 경쟁업체와 비교하는 방식 등이 있다.

기업은 연평균 성장률을 활용하여 지난 5년 동안 1인당 복리후생비의 증가와 감소 추세를 확인할 수 있다. 연평균 성장률은 해당 기간 동안 평균 어느 정도 증가했는지와 감소했는지를 표현하는 방식이다. 이때 5개년의 연평균 성장률을 근거로 '0'을 기준점으로 '양'의 값일 경우 '증가', '음'의 값일 경우 '감소'한다고 본다. 또한, 기준점 '0'이 아닌 다른 기준점을 설정할 수 있으며 이보다 높으면 '증가'로, 낮으면 '감소'로 판단한다. 산업 평균 또는 경쟁 업체의 복리후생비 정보는 각 기업의 홈페이지와 사업보고서(백서나 지속가능경영보고서)를 통해 확인할 수 있다.

⑥ 결사의 자유 보장

근로자는 자유로이 노동조합을 조직하여 가입할 수 있으며, 근로자의 가입은 유니언 숍(Union Shop)[76]과 오픈 숍(Open Shop)[77]으로 구분된다. K-ESG는 노동자가 노동조합을 스스로 설립하거나 오픈 숍과 유니언 숍의 가입 형태의 노동조합을 모두 인정한다. 만약 근로자가 노동조합을 설립 또는 가입하지 않은 경우, K-ESG 가이드라인에서는 '노사협의회 설치·운영'을 점검기준으로 적용하도록 한다.

노동조합의 대표자는 노동조합[78]과 조합원을 위해 사용자(단체)와 교섭하고 단체협약을 체결할 수 있는 권한을 갖는다. 사용자(단체)는 노동조합 대표 또는 권한을 위임받은 자와의 단체협약 체결과 기타의 단체교섭을 정당한 이유 없이

---

76 유니언 숍(union shop)은 노동조합원만을 채용하는 제도로 노동조합에서 탈퇴 또는 제명되면 회사에서도 해고되는 제도이다(m.blog.daum.net).
77 오픈 숍(open shop)은 고용주가 노동자를 채용하거나 해고할 때 노동조합 가입 여부와 상관없이 차별을 두지 않는 제도이다(jobdastory.tistory.com).
78 노동조합은 근로자가 단체로 근로조건에 대해 개선하여 경제적·사회적 지위를 높이기 위한 단체나 연합단체이다(m.blog.daum.net).

거부하거나 해태[79]해서는 안 된다.

노사관계 당사자는 함께 체결한 단체협약의 내용인 임금·복리후생비·퇴직금, 근로시간과 휴게시간, 휴일과 휴가, 시설·편의제공, 근무시간에 회의참석 등은 법률을 위반해서는 안 된다.

노사협의회는 사용자와 근로자가 함께 협력하여 노사 공동의 이익을 도모하기 위한 노사 간 협의기구이다. 「근로자참여 및 협력증진에 관한 법률」에 의하면 30명 이상의 상시 근로자를 사용하는 사업장은 의무적으로 노사협의회를 설치·운영하여야 한다.

노사협의회[80]는 노사위원을 3인에서부터 10인까지 동수

---

79 해태(懈怠)는 행동이 느리고 일하기 싫어하는 성미와 버릇이며, 어떤 법률 행위를 할 기일을 이유 없이 넘겨 책임을 다하지 아니하는 것을 의미한다(www.ko.dict.naver.com).

80 노사협의회는 고용주와 노동자가 함께 협력하여 근로자 복지증진과 기업발전을 위해 협의하는 기구이다(근로자참여 및 협력증진에 관한 법률, 제3조). 노사협의회의 회의는 정기회의는 3개월의 간격으로 개최하며, 임시회의는 필요에 따라 개최하며 회의록을 작성하고 비치해야 한다(근로자참여 및 협력증진에 관한 법률, 제12조).

로 위촉해야 한다. 노사협의회의 위원 구성이 끝나면, 노사협의회의 규정제정과 15일 이내 고용노동부에 신고를 완료해야 된다.

노사협의회는 협의와 의결사항을 위해 법률에 따라 3개월마다 정기회의를 개최해야 하며, 임시회의는 필요에 따라 개최할 수 있다. 회의 개최에 관한 사항인 회의일정, 참여위원, 협의 및 의결사항, 기타 논의 사항의 회의록은 3년간 의무적으로 보존해야 한다.

⑦ 여성구성원 비율

기업 전체 구성원과 미등기임원 중 여성의 비율을 확인하는 이유는 사업장이 여성 친화적인 근로환경의 제공과 여성 리더의 발굴이 적극적인지 확인하기 위함이다. 예를 들어, 기업에서 여성 비율이 50%이며 미등기임원의 여성 비율이 50%라면 이 기업은 여성 친화형 근로환경과 동등한 기회를 제공하고 있다고 본다.

하지만 기업의 여성 비율은 50%이지만 미등기임원의 여성 비율이 20%이면, 이 기업은 여성이 장기 근무할 수 있는 여성 친화적인 근로환경이 미흡하고 판단한다. 기업에서는 직급별, 직무별, 근속연수별, 지역별 여성구성원의 비율을 기준으로 성과를 다양하게 검증한다.

직급체계를 기준으로 여성 근로자의 비율을 확인해 보자. 우선, '생산·가공 직무', '물류·유통 직무', '구매·조달 직무', '연구·기술 직무', '영업·판매 직무' 등 직무별로 여성 비율을 검증하는 방식이 있다. 그리고 근속연수별 여성 구성원 비율을 확인할 때, 근속연수를 근거로 여성 비율을 확인한다. 지역별로 '국내와 국외'의 구분하고 국가별로 여성 근로자 비율을 확인하는 방식 등이 있다.

단, 기업의 인사제도 개편과 기업문화 개선 등으로 인해 직급체계가 변경될 경우, 개별 기업의 직급체계와 직급별 '여성 비율'을 산업 평균과 비교할 수 있다. 각 기업의 직급체계를 일반적 직급 기준과 연계하는 사례는 아래와 같다.

기업에서는 직급 상승에 따른 여성 비율이 안정적으로 유지됨을 기업의 내부 차원에서 점검할 수 있으며, 산업 평균과 비교, 기업의 과거 결과와 비교, 기업이 자체적으로 수립한 목표와 비교하는 방식 등으로 점검할 수도 있다.

기업은 다양성을 단순히 '성별'로만 한정해서 관리할 필요는 없다. 기업의 경영환경과 산업특성을 고려하여 다른 범주를 설정하여 관리할 수 있다. '성별' 외 다양성을 확인할 수 있는 항목은 '국적, 인종, 민족, 정치, 종교, 연령, 사상적 배경 등'으로 다양하다. 기업은 산업 평균과 경쟁업체의 여성 비율을 정보공시를 통해 확인할 수 있다.

⑧ 여성급여 비율

여성급여 비율을 확인하는 이유는 기업의 성과를 창출을 성별로 확인하는 유용한 방법이기 때문이다. 기업의 성별 다양성 활동이 효과적으로 실행되고 있다면, 상위 직급 여성의 분포가 많아지거나 여성의 근속연수가 많아질 것이다. 이로 인해 여성의 평균 급여액이 높아지게 된다. 전체 구성원과 비교하여 여성의 평균 급여액이 10% 이내로 비슷할 경우, 해당 기업의 관리는 효과적으로 이루어졌다고 판단한다.

'여성급여 비율'에서의 '1인 평균 급여액'이란, '종업원 급여'를 회계연도의 구성원 전체 수로 나눈 값을 의미한다[한국채택국제회계기준(IFRS) 제1019호, 2021]. 기업은 직급별, 직무별, 근속연수별, 지역별 여성급여 비율을 기준으로 성과를 점검할 수 있다. 직급별로 여성급여 비율을 확인할 수 있으며, 직무별 여성 비율은 기업의 주요 직무를 기준으로 여성급여 비율을 확인하는 방식이다. 근속연수별 여성 비율은 근속연수를 기준으로 여성급여 비율을 확인할 수 있다. 그리고 지역별 여성 구성원 비율은 '국내와 국외' 또는 국가별로 사업장이 위치한 지역의 여성급여 비율을 확인하는 방식이다.

기업은 여성 1명과 전체 근로자 1인당 평균 급여액의 차이가 어느 정도인지 관점에서 점검할 수도 있다. 그러나, 일반적으로 산업 평균과 비교, 기업의 과거 결과와 비교, 기업 자체적으로 수립한 목표와 비교하여 확인한다. 기업은 전자공시시스템, 지속가능경영보고서, 고용노동통계의 성별 임금과 근로조건 현황의 산업 평균과 경쟁 기업의 남

성과 비교한 여성임금 비율을 정보공시 자료를 통해 확인할 수 있다.

⑨ 장애인 의무고용률

장애인 고용의무제도[81]는 50명 이상이 근무하는 공공기관·민간기업에서 장애인 고용비율을 일정 이상 의무화하는 것이다. 이를 준수하지 않을 시, 부담금[82]을 부과하도록 하고 있다. 의무적인 고용보다 더 많이 고용한 기업

---

81 장애인 의무고용은 장애인 고용을 일정비율 이상 의무화하고 있어 준수하지 않으면 부담금이 부과된다. 2020년 기준으로 중앙정부와 지방자치단체 공무원과 비공무원의 3.4%이며, 50명 이상의 상시근로자가 고용된 공공기관 근로자 정원 3.4%와 민간기업 근로자 전원 3.1% 이에 해당되며, 장애인 의무고용률을 장애인고용공단에서 공시하고 있다(www.doopedia.co.kr).

82 장애인 고용부담금은 의무고용을 달성하지 못한 근로자 수에 대한 부담기초액이다. 부담금은 장애인의 융자 지원금과 장애인 고용촉진을 위한 지원금에 공동 갹출금이다. 부담기초액은 장애인 고용에 필요한 시설과 장비를 설치하거나 수리하는 비용, 장애인을 고용하여 관리하는 데에 특별히 소요되는 비용의 평균액을 근거로 산출된다(www.doopedia.co.kr).

에는 장려금을 초과 인원에 대해 지급하는 인센티브가 있다. 또한, 「장애인고용촉진 및 직업재활법 시행령」에서는 매년 의무고용률을 발표하도록 규정하고 있다.

장애인 의무고용률은 국가와 지자체, 공공기관, 민간기업에 별도로 적용하고 있다. 장애인 의무고용률과 비교하여 이를 준수하지 않은 기업에는 장애인 노동자 비율을 근거로 부담기초액을 기준에 따라 부담금을 부과한다. 기업은 기본적으로 장애인 고용률의 성과를 의무고용률과 비교하고 있다. 그 밖에도 동종산업의 장애인 고용률 평균과 비교, 기업의 과거 장애인 고용률과 비교, 기업이 자체적으로 수립한 장애인 고용 목표와 비교하는 방식 등을 활용하기도 한다.

기업은 '전자공시시스템'의 사업보고서, 지속가능경영보고서, '고용노동부' 장애인 의무고용 현황 등의 산업 평균과 경쟁 업체의 장애인 고용률 등에 대한 정보공시 자료를 통해 확인할 수 있다.

3) 안전 및 보건

① 안전·보건 추진시스템

안전보건 관리란, 구성원의 건강과 안전을 위해 기업 스스로 위험요인을 파악하여 제거하거나 통제방안을 마련하여 위험을 개선하려는 일련의 활동의 전반적인 과정을 의미한다. 안전보건 관리는 기업의 사회적 책임이며, 경쟁력 제고를 위한 중요한 사항이다. 급격한 기후변화로 ESG에 대한 다양한 사회적 관심과 요구가 높아지는 상황에서, 안전보건 관리는 ESG를 이행하는 데 가장 기본이 되는 중요한 사항이다.

현재 안전에 대한 관점은 비용이 아닌 투자로 인식하는 경향이 높아지며 경영 일부로 보는 시각이 높아지고 있다. 이 같은 이유는 산업재해가 발생하면 작업 차질이 발생하여 제품의 품질이 떨어지고 생산성이 저하되어, 기업의 이미지에 부정적 영향을 미쳐 브랜드 가치를 떨어뜨리기 때문이다. 2020년 산업재해에 따른 경제적 손실추정액 29

조 9,841억 원이며, 손실금액은 하루 5,534만 원으로 나타나 안전보건 관리의 필요성이 높아지고 있다.

효과적인 안전보건 관리시스템을 운영하기 위해서는 경영자가 '안전보건경영'에 대한 확고한 신념을 가져야 한다. 그리고 경영자는 기업의 구성원 모두가 '안전과 보건'에 대한 다양한 의견을 자유롭게 제시하도록 리더십을 발휘해야 한다. 이를 통해 작업환경에 내재된 다양한 위험요인을 사전에 찾아내어 제거하거나 대체 방안을 함께 마련하는 것이 중요하다. 즉, 발생 가능한 위험 요소에 즉각적으로 대응 절차와 매뉴얼을 마련하여 운영해야 사업장 내 모든 구성원의 안전보건을 확보할 수 있기 때문이다. 끝으로 안전보건관리시스템은 매년 정기적으로 평가하고 개선하는 것이 바람직하다.

기업의 안전보건관리시스템의 우수성을 검증하여 인증하는 방식은 다음과 같다. 첫째, 국제규격에 따른 안전보건경영시스템을 인증하는 방식이 있다. 즉 기업의 경영목표가 안전보건을 최우선으로 하고 지속가능한 관리체계를 구축하고 있음을 안전보건경영시스템(KOSHA-MS) ISO45001의 국제규격으로 인증받는 방식이다. 둘째, 제3의 전문기관에서 안전보건경영시스템을 검증하는 방식이다. 기업의 안전보건 관리규정 등이 현장에 실제 적용되고 있는지, 기업 구성원이 안전보건 관리 규정을 준수하고 있는지를 제3의 전문기관에서 검증하는 방식이다. 셋째 기업의 내부전문가가 안전보건경영시스템을 심사하는 방식이 있다. 이때 내부전문가는 안전보건의 경영체계가 국제적 표준규격에 맞게 적절히 운영되는지를 선발된 기업의 심사요원이 직접 검증하는 방식이다.[83]

---

83 안전보건 추진체계에 관한 참고 자료는 「산업안전보건법(고용노동부, 2021)」, 「산업안전보건에 관한 규칙(고용노동부, 2021)」 등이 있다.

② 산업재해율

　기업이 산업재해 발생 현황을 파악할 수 있는 지표는 다양하다. 일반적으로 국내에서는 재해율(천인율)[84]을 기본지표로 많이 활용한다. 그 밖에 기업의 산업재해[85] 발생현황을 파악할 수 있는 지표는 다음과 같다. 국내의 산업재해통계업무처리규정 시행령(2001)에서는 도수율(빈도율)[86]과 강도율[87]을 활용하고 있다. 그리고 해외에서는 미국 산업안전보건청(OSHA; Occupational Safety and Health

---

84　재해율(천인율) = $\frac{연간재해자수}{연평균근로자수}$ × 1,000은 근로자 천 명당 1년을 기준으로 한 재해 발생 비율을 의미한다(최상복, 산업안전대사전, 2004).

85　산업재해는 노동자가 업무와 관계된 건설·설비·원부자재 등에 관한 작업이나 업무로 인한 사망과 질병 등이다. 재해자 수는 근로복지공단의 휴업급여를 지급받는 재해자이다(www.100.daum.net, 인적자원관리용어사전).

86　도수율(빈도율) = $\frac{재해건수}{연간근로시간 \times 근로자수}$ × 1,000,000 = $\frac{재해율(천인율)}{2.4}$ 은 재해 빈도를 나타내는 지수로서, 근로시간 100만 시간당 발생하는 재해 건수를 나타낸다(www.alwt.tistory.com).

87　강도율 = $\frac{총근로손실일수}{연간근로시간수}$ × 1,000은 1,000 노동시간당 상해로 인해서 상실된 노동손실 일수이며 재해의 심한 정도를 나타내는 지표로 사용된다(www.100.daum.net, 인적자원관리용어사전).

Administration)의 기준에 따라, LTIR(Lost Time Injury Rate)[88]과 TRIR(Total Recordable Incident Rate)[89]을 활용하기도 한다.

산업재해 통계업무 처리규정에 따라, 재해자는 근로복지공단의 휴업급여를 지급받는 근로자를 의미하며, 사망자는 근로복지공단에서 유족급여가 지급되었던 사망자와 지방고용노동관서에 산업재해조사표로 제출된 사망자의 수를 합산한다(고용노동부 고용노동백서, 2015). 다만, 개인 질병에 의한 사망, 사업장 밖의 교통사고사, 체육 행사와 기타 폭력 행위로 인한 사망, 그리고 사고 발생 1년이 넘는 사망에 대해서는 산업재해에서 제외된다. 기업은 '산업재

---

88 LTIR(시간손실 사고비율)은 직원 100명당 LTI 비율을 결정하는 데 사용되는 매트릭을 시간 손실 재해비율이라고 하며, 사망이나 영구적인 장애 사고로 하루 이상 일을 할 수 없는 경우의 비율이다(www.safetystage.com).

89 TRIR(기록 가능한 총사고율)은 근무시간으로 이어지지 않았는지 여부와 관계없이 직원 부상을 초래하는 총사고 수이며, 기록을 해야 하는 사고의 비율인 MTC(Medical Treated Case, LTI(Lost Time Injury), FAT(Fatality) 등을 포함하고 있다(www.safetystage.com).

해율' 관리성과를 점검하는 방식으로 '산업 평균'과 '연도별 비교'하는 방식을 주로 활용한다. 이외에도 기업의 과거 재해율 결과를 기반으로 수립한 목표와 비교하는 방식, 기업이 지향하는 산업재해를 저감하는 방향성과 비교하는 방식, 벤치마킹하는 경쟁 업체와 비교하는 방식 등이 있다. 기업에서 산업 평균과 경쟁 업체의 산업재해율 정보를 전자공시시스템, 지속가능경영보고서, 고용노동부 홈페이지(산업재해 현황분석)를 통해 정보공시 자료를 확인할 수 있다.

4) 인권 분야

① 인권정책 수립

K-ESG의 '인권정책 수립'은 국제연합(UN), 국제노동기구(ILO), 경제협력개발기구(OECD)의 인권 이슈에 대한 기업들의 공식적인 입장의 제시 여부를 확인하게 한다. 인권

에 대한 이슈를 매우 다양하게 제시하고 있으며, 인권 이슈는 각 나라의 제도, 관습, 문화로 인해 새로운 이슈가 추가되거나 변경되기도 한다.

차별금지는 국적, 민족, 성별, 인종, 장애, 종교, 기타 사회적 신분 등에 의해 기업에서 고용, 교육, 보상, 복리후생, 승진에 있어 차별되는 행위를 금지한다. 근로조건 중 법정 근로시간을 준수해야 하며, 초과근로에 대해서는 합당한 보수를 제공해야 한다. 또한, 기업의 구성원 모두가 자신이 맡은 업무에 적절히 몰입할 수 있도록 근무환경을 적절하게 조성하는 것도 중요한 인권 이슈 중 하나이다.

인도적인 대우란, 구성원의 사생활과 개인정보를 보호해야 하며, 회사 내에서 심리적 혹은 신체적인 강압(학대)이나 불합리한 대우를 받지 않게 하는 것이다. 즉, 강제적인 근로의 금지는 감금, 폭행, 협박 등이나 근로자의 자유의사에 반하는 행위로 근무를 강요하는 것을 금지하는 것을 의미한다. 또한, 아동노동 착취 금지는 아동노동을 원칙적으로 금지하는 것으로 노동으로 인해 아동의 교육 기회를 박탈하지 않아야 한다. 끝으로 결사 및 교섭단체 구성의 자유는 근로자의 단체교섭권과 단체행동권을 보장하는 것이다.

산업안전 보장은 회사의 모든 근로자가 안전한 근무환경에서 일할 수 있도록 사전예방과 함께 사후관리하는 것이 중요하다. 지역주민 인권보호는 기업의 경영으로 인해 지역주민의 거주환경이 안전상 위협을 받지 않는 것을 의미하며, 고객의 인권 보호는 회사의 경영으로 인해 고객의 생명(건강)과 재산 등의 보호를 최우선으로 하는 것을 의미한다.

기업의 인권정책은 '인권 이슈에 대한 기업의 주요 정책 방향'을 정확히 설명하는 것뿐만 아니라, 다음의 형식과 내용의 요건을 충분히 갖추어야 한다. 인권경영 추진에 관해 최고의사결정권자는 공식적인 성명서를 발표해야 한다. 또한, 인권 저해를 방지하기 위한 위험관리체계를 구축해야 한다. 인권경영 추진을 위한 담당 조직과 그 역할을 명시해야 하며, 인권침해 관련 고충처리절차를 갖추고 있어야 한다. 끝으로 인권정책 제정일자, 개정일자, 정책문서 관리번호, 정책문서 담당자와 승인자 등이 구성되어야 한다.

② 인권 위험성 평가(risk assessment)

기업은 국제노동기구(ILO), 세계인권선언, UN 기업과 인권 이행원칙, 그리고 OECD 실행지침에서 제시하고 있는 인권과 노동에 관련된 국제표준지침을 참고하여 인권 위험성 평가체계를 구축할 수 있다.

기업의 인권 위험성 평가체계란 '진단단계-실사단계-개선단계'로 구분되는 일련의 평가 절차를 의미한다. 인권 위험성을 진단, 실사, 개선의 3단계로 효율적으로 관리하고 있다. 그 이유는 인권 위험성의 진단을 통해 기업의 사업 운영 단위와 관련 구성원 중 인권 위험성에 직면해 있거나, 인권 위험성이 잠재되어 있는 사업 운영 단위와 구성원을 파악하기 위함이다.

기업에 잠재해 있거나 직면한 위험성은 사업장이 위치한 지역별, 기업의 직무별, 구성원 직급별, 기업의 내부 또는 외부, 기업의 제품과 서비스에 따라 다를 수 있다. 일반적으로 인권 위험성 진단은 서면 또는 온라인 형태의 질의서를 통해 실시된다.

인권 위험성의 실사는 인권 위험성 진단을 통해 확인한 잠재적이고 직접적인 직면 위험성 중에서 사업과 사회에 영향을 크게 미치는 고위험을 확인하는 과정이다. 인권 위험성 진단 결과, 고위험으로 추정되는 인권 위험성에 대해 현장을 직접 방문하여 위험성의 사실관계 여부를 평가하는 방식으로 진행된다. 일반적으로 인권 위험성 실사는 산업 현장의 문서와 자료를 검토하여 확인하거나 기업의 구성원을 대상으로 인터뷰하는 방식이 있다.

인권 위험성의 개선은 인권 위험성 진단과 실사 결과를 분석하여 기업에 현재 많은 영향을 미치나 향후 영향을 크게 미칠 수 있는 인권 위험성을 확인하여 개선하는 것이다. 기업은 즉시 개선이 가능한 위험성은 단기적으로 개선해야 하며, 많은 시간이 필요한 경우에는 중장기적으로 위험성을 확인하여 구체적인 개선의 로드맵을 수립해야 한다.

5) 협력사 관련

① 협력사의 ESG 경영

기업은 ESG 위험성을 함께 관리할 수 있는 협력사를 자율적으로 지정할 수 있다. 넓은 의미에서는 기업은 모든 1차 협력사를 대상으로 ESG 위험성을 관리해야 한다. 그렇지만, 기업은 사업에 대해 전략적으로 판단하여 사업 운영에 핵심적인 영향력을 행사하는 협력사들과만 ESG 위험성을 관리할 수도 있다.

핵심적인 협력사의 분류기준은 다음과 같다. 즉, 기업은 1개 기준과 복수 기준을 모두 활용하여 핵심 협력사를 분류한다. 핵심 원부자재와 서비스를 공급하는 협력사가 있다.

그리고, 다음은 대체 불가능한 원부자재 및 서비스를 공급하는 협력사이다. 또한, 구매과 거래금액이 높은 협력사와 기업에 대한 의존도가 높은 협력사가 있으며, 장기간 거래관계에 있는 협력사가 있다. 끝으로 기타사항으로 기업과 신뢰 관계가 형성된 협력사로 분류된다.

기업의 협력사 ESG 위험성 관리체계란 '진단단계-실사단계-개선단계'로 구성되는 일련의 과정을 의미한다. 협력사 ESG 위험성을 진단하기 위해 실사하여 개선하는 이유는 다음과 같다. 협력사 ESG 위험성 진단은 기업의 협력사 중 ESG 위험성에 직면해 있거나 ESG 위험성이 잠재되어 있는 협력사를 파악하기 위함이다.

협력사에 잠재해 있거나 직면한 ESG 위험성은 협력사가 위치한 지역, 협력사가 속한 산업, 협력사의 사업 규모, 협력사의 사업 운영 방식, 협력사가 제공하는 재화와 용역에 따라 다를 수 있다. 일반적으로 협력사 ESG 위험성 진단은 서면과 온라인 형태의 설문서를 통해 실시된다.

협력사 ESG 위험성 실사는 위험성 진단을 통해 확인한 잠재적·실질적 위험성 중 사업과 사회에 미치는 영향력이 큰 고위험 위험성을 확인하는 과정이다. 위험성 진단 결과, 고위험으로 추정되는 ESG 위험성에 대해 현장을 직접 방문하여 위험성의 사실관계 여부를 평가하는 방식으로 진행된다. 일반적으로 협력사 ESG 위험성 실사는 현장의 여러 문서와 통계자료를 검토하거나 기업의 구성원에게 직접 인터뷰하고 있다.

협력사 ESG 위험성 개선은 위험성 진단과 실사 결과를 근거로, 기업에 현재 영향력을 크게 미치나 향후 영향력이 클 것으로 검증된 ESG 위험성에 대해 개선하는 것이다. 단기간 내 개선이 가능한 위험성은 협력사와 공동으로 즉시 개선해야 한다. 그러나 당장 개선이 어려운 중장기적인 사안에 대해서는 구체적인 로드맵을 수립해야 한다.

② 협력사의 ESG 경영 지원

협력사에 대한 ESG의 지원을 체계적으로 추진하기 위해, 기업의 협력사 ESG 지원계획을 우선 수립되어야 한다.

협력사 ESG 지원계획은 전략적 방향, 전략 방향 달성을 위한 세부 추진과제, 추진과제들의 이행을 점검하는 성과관리 지표가 포함되어야 한다.

협력사에 대한 ESG 지원 전략은 기업의 ESG 목표 및 비전과 연동되어야 하며, 기업의 공급망에 대한 관리전략이 함께 마련되어야 한다. 이는 협력사 ESG 지원의 핵심이 무엇에 초점을 맞추어야 하는지를 나타내는 것이다.

협력사에 대한 ESG 지원의 세부 추진과제는 전략목표를 달성하기 위한 활동으로 구성되어야 한다. 즉, 이 활동은 설비와 장치를 마련하기 위해 대규모 투자이거나 정책·지침 등을 제정하는 문서 작업이며, 교육·확산 등 구성원 간 네트워킹 과정의 활동이기도 하다.

성과관리의 지표는 전략과 추진과제를 달성도를 지속적으로 관리하기 위한 것이다. 예를 들어, 만약 협력사들의 ESG에 대한 인식개선이 세부 추진과제라면, ESG 교육 참여율은 중요한 성과관리 지표가 된다. 그리고 협력사가 신·재생에너지를 확대하는 것이 추진과제라면, 성과관리

지표는 협력사의 신·재생에너지 활용비율이 될 수 있다.

기업은 협력사에 관한 ESG 지원을 위한 추가적인 지원계획의 수립이 가능하다. 또한, 협력사에 대한 기존의 지원계획(동반성장과 상생협력 추진계획 등)에 ESG 지원사항을 추가할 수도 있다. 다시 말해, 협력사에 대한 ESG 지원은 기업의 협력사 ESG 별도 지원계획과 함께 기존 협력사 지원계획의 ESG 사항을 추가하는 모든 것을 인정하고 있다.

기업은 협력사에 관한 ESG 지원계획을 수립할 때, 추진전략, 추진과제, 그리고 성과지표뿐만 아니라 다음 사항을 충분히 반영해야 한다. 협력사 ESG 지원을 통해 기업 또는 사회가 얻을 수 있는 효익, 1차 및 2차 협력사에 대한 차별적인 ESG 지원 범위, 협력사 ESG 지원 성과를 창출하는 데 소요 기간, 협력사에 대한 ESG 지원을 효율적으로 운영하기 위한 기업 내·외부 추진체계, 협력사에 관한 ESG 지원의 추진전략 달성 후 종료 계획 등이다.

③ 협력사의 ESG 협약사항

협력사의 ESG 협약은 지속가능한 기업의 공급망을 조성하기 위해 협력사 ESG 성과의 개선과 역량 강화 등에 필요한 예산과 인력 자원 등 모든 종류의 협약을 통칭한다. 주요 협약사항은 다음과 같다. 교육지원은 ESG 품질관리사항, 안전보건에 대한 지침, 구성원의 직무와 정보화에 대한 역량강화 교육 등이 있다. 기술지원은 ESG 관련 특허개방, 공동 기술개발, 기술자료 임치[90] 지원, 기술보호 등이 있다. 금융지원은 ESG 관련 성과개선 인센티브 지급, 상생펀드 운영, 납품단가 연동제 도입 현황 등이 있다. 인허가 지원은 ESG 관련된 국·내외 인증서 취득방식과 국제표준의 ESG 검증의견서 발행에 관한 제반 업무지침 등이 있다. 설비와 장치에 관한 지원은 친환경 장치설비, 스마트 설비와 장치의 신규 설치, 기존 산업설비와 장치에

---

90 임치는 당사자의 일방이 상대방에 대해 금전과 유가 증권 등을 맡기고 상대방이 금전과 유가증권을 보관하기로 약속하거나 성립된 계약을 의미한다(「민법」 제693조).

대한 구조적 개선 등이 있다.

기업이 협력사 ESG 협약을 직접적으로 체결하지 않은 경우, 공정거래위원회의 '공정거래협약' 평가대상의 기업은 협력사 ESG 협약을 체결한 것으로 판단한다.

2
사회 기여

1) 전략적 사회공헌

기업은 사회공헌을 위해 특정한 목적과 추진전략을 준비해야 한다. 전략적 사회공헌은 사회공헌에 관한 미션, 비전, 슬로건, 중점 추진분야, 사회공헌 사업전략, 사업추진 로드맵, 세부 실행계획, 사회공헌 사업목표, 핵심성과지표(KPIs), 성과평가, 홍보계획, 예산계획 등이 있다.

기업의 사회공헌 비전과 미션 등은 기업의 사업특성을 고려하여 설정될 수 있다. 사업 특성은 사업 운영 방식,

고객 관계, 마케팅 유형(B2C, B2B[91]), 본질적인 제품과 서비스 등이다. 기업은 사회공헌을 통해 지역사회 기여뿐만 아니라, 사업적 기여와 효과까지 고려해야 한다.

전략적 사회공헌 분야는 기업의 사회공헌에 관한 미션, 비전, 그리고 슬로건 달성을 통해 목표와 방향이 정해져야 하며 사업적·사회적 필요를 반영하여 설정되어야 한다. 기업은 단순히 영리적 목적과 정치·종교적 목적의 사업 활동이 아닌 사회공헌의 다양한 분야와 영역으로 넓힐 있다. 일반적으로 특수한 상황이 아닌 경우, 일회성 사업이나 단순기부형 사업은 사회공헌 분야와 영역[92]에서 배제함을 권장하고 있다.

기업의 사회공헌 인지도는 기업의 대표적인 프로그램 있

---

91 B2B(Business to Business)는 기업(사업)과 기업(사업)의 마케팅을 의미한다. B2C(Business to Customer)는 기업 대 일반 소비자의 마케팅이다. 소비자가 회사의 물건을 사는 것은 B2C의 유형이며, 기업 간 물건의 납품은 B2B유형이다(www.100.daum.net, 매경시사용어사전).

92 사회공헌 분야 및 영역은 문화체육 진흥, 보건의료 증진, 환경보호 및 개선, 교육 및 인식개선, 청년고용 등 일자리 창출 등이 있다.

는지와 사업 운영 유무에 영향을 받는다. 기업의 대표 사회공헌 프로그램의 기준은 기업마다 다를 수 있다. 그러나 일반적으로 각 기업이 갖는 사업적인 특성과 핵심역량이 반영되어야 하므로 일반적인 사회봉사와는 구별된다.

대표적인 사회공헌 프로그램은 장기간 지속적으로 운영해야 함을 전제로 추진되어야 한다. 기업은 새롭게 등장하는 사회 이슈, 사업 환경 등의 대외적 변화를 대표 프로그램에 영향력을 종합적으로 고려하여 업데이트해야 하며, 단계별 추진하는 로드맵을 수립해야 한다.

사회공헌 대표 프로그램은 지속적인 모니터링과 함께 성과를 측정하여 성과관리 프로그램을 효과적으로 운영해야 한다. 사회공헌 대표 프로그램의 구체적인 성과관리를 위해 기업은 측정 가능한 핵심성과지표(KPIs)를 설정해야 하고, 이에 따른 이행상황을 정기적으로 점검해야 한다. 또한, 기업은 사회공헌을 효율적으로 추진할 수 있도록 실행체계를 갖출 필요가 있다.

2) 구성원 봉사 참여

기업은 업무 생산성 향상에 대한 관심을 높이고 구성원의 자기결정권을 높이기 위해, 대외 사회봉사 프로그램을 확대해야 한다. 기업은 기존처럼 근로자의 봉사활동을 일방적으로 기획하여 참여를 강제로 할당하는 방식에서 벗어나야 한다. 이는 실질적으로 봉사활동 참여 의지가 높은 구성원에게 자율적인 봉사활동을 기획하고 참여할 수 있도록 기회를 마련하는 방식으로 전환해야 한다. 이때 기업은 근본적인 자원봉사의 가치를 훼손하지 않는 상황에서, '금전적이거나 비금전적인 인센티브' 제도를 마련해야 한다. 이로 인해 봉사활동에 참여하는 구성원은 수요(needs)와 욕구를 지속적으로 충족되어 발전할 수 있기 때문이다.

무엇보다도 기업은 구성원에게 봉사활동에 참여하기 위한 동기부여를 주어 적극적인 봉사활동 참여를 확대하도록 기업 분위기를 만들어야 한다. 봉사활동 참여를 희망하는 구성원에게 동기부여를 자극하는 요인은 다음과 같다. 기업에서 홈페이지 게시판이나 회사의 사보를 활용하여 자원봉사자의 현황과 공로를 알리는 방법, 자원봉사에 참여하고 있음을 나타내는 기념품 제공하는 방법, 자원봉사를 수행하는 데 있어 장애 요인을 발견하고 제거하는 방법, 자원봉사의 수행과 함께 발생하는 현실적인 문제와 사회적인 문제를 해결하도록 지원하는 방법, 자원봉사 참여를 원하는 구성원 간의 사회적 유대관계를 형성하고 유지할 수 있는 공간과 시간을 제공하는 방법, 우수한 자원봉사자에 대한 금전적·비금전적 포상하는 방법, 기업의 성과평가지표(KPIs)에 자원봉사 영역을 만들어 반영하는 방법 등으로 다양하다.

기업 차원에서 봉사자의 활동 현황의 총량을 관리하고자 하는 경우, 봉사활동에 참여한 총시간[93]과 봉사활동 참여시간의 금전적 가치[94]를 활용하여 봉사자의 활동성과를 관리해야 한다.[95]

---

93 봉사활동에 참여한 총시간은 1인당 봉사활동 투입시간×투입인원수로 산출된다(K-ESG 가이드라인, 2021).

94 봉사활동 참여시간의 금전적 가치는 다음과 같다. 1인당 봉사활동투입시간×투입인원수×최저임금(평균임금)으로 산출된다(K-ESG 가이드라인, 2021).

95 구성원 봉사참여에 관한 참고자료는 「자원봉사활동 기본법(행정안전부, 2017)」이 있다.

3
정보보안 및 사회안전

1) 정보보호시스템 구축

정보보호체계란 매우 광범위하다. 우선, 정보의 가공과 활용단계에서 발생하는 유출과 훼손을 방지하고 복구하는 시스템이다. 정보의 보안기술은 범죄와 재난에 대응하는 시스템을 의미하기도 한다. 정보와 관련된 장비와 시설을 보다 안전하게 관리하고 운영하기 위한 기술적 수단, 관리적 수단, 물리적 수단을 의미한다.

우선, 기술적 수단은 암호기술, 접근 통제, 백업시스템

등으로 정보보안에 관한 장치와 설비이다. 관리적 수단은 정보보호를 위한 계획수립과 집행 등이 이에 해당된다. 끝으로 물리적 수단은 출입통제와 장비고도화 등으로 매우 다양한 접근 방식이다.

정보보호 최고책임자(CISO)는 정보보안 관련 총괄 책임을 갖는 임원과 관리자를 의미하며, 정보자산을 안정적으로 보호하고 운영하기 위한 정보보호 정책과 계획을 수립해야 한다. 또한, 이들은 정보보호와 관련된 법 준수와 함께 정보보호의 관리활동 수행하고 향후 발생될 수 있는 위험에 따른 대책을 마련하고 실행해야 한다.

기업은 주요 정보자산을 보호하기 위해 일반적으로 정보보호체계의 인증 방식을 활용하고 있다. 이는 기업 내·외부의 위협에서 주요 정보를 보호하고 관리 및 운영하기 위한 종합적인 정보보호 시스템인 인증이다. 주로 ISMS 인증과 ISO/IEC 27001 인증 등이 활용되고 있으며, 이는 기업의 주요 정보자산을 신뢰성 있는 제3기관이 인증하는 것이다. 이때 CC 인증과 GS 인증 등은 제외한다.

취약성 분석은 기업의 정보보호체계가 갖는 위험 요소를 조사하고 평가하여, 해당 위험이 허용 가능한 수준인지를 판단하여 효과적인 정보보호 대책을 수립하기 위해 필요하다. 이때 활용되는 취약성 분석방법은 DDoS 모의훈련, 모의해킹, 웹로그 침해 가능성 분석 등의 취약성 분석 등이 있다.

정보보호 공시이행은 기업 이해관계자의 신뢰도 향상, 정보자산 보호 책임성의 강화, 지속적인 보안투자를 유도하기 위한 정보보호 현황을 공시하는 것이다(「정보보호산업법」 제13조). 정보보안 사고보험은 일반적으로 기업의 지적재산권과 영업비밀 등 민감한 정보가 포함된다. 이 때문에 정보보안이 해킹될 경우, 이를 해결하고 조치하기 위해서는 엄청난 비용 손실이 초래된다. 이러한 경우를 대비하기 위해, 기업은 비용 손실을 보전할 수 있는 보험가입이 매우 중요하다.

기업은 정보보호 시스템이 제대로 운용되고 있는지 확

인하기 위해 다음과 같은 방식이 활용되고 있다. 기업 사업장 전체 중에서 정보보호 시스템을 구축한 비율과 제3기관의 인증을 획득한 비율, 정보보호 시스템에 대한 취약성 분석과 개선하는 주기, 정보 보안 중요성에 관한 구성원의 인식하는 수준을 파악하는 방식 등이 있다.

2) 개인정보 침해 방지와 구제

「개인정보 보호법」에 의하면 개인에 관한 정보의 범위는 다음과 같다. ① 개인을 특정할 수 있는 성명, 주민등록번호, 그리고 영상에 관한 정보, ② 직접적인 개인의 특정이 어렵더라도 다른 정보와 함께 연계하면 쉽게 특정할 수 있는 정보, ①과 ②를 가명처리[96]함으로써 원래 상태로 복원

---

96 가명처리는 개인에 관한 정보에 관한 일부를 지우거나 전체 혹은 일부를 대체하는 방법으로 추가 정보가 제공되지 않고서는 개인을 특정할 수 없도록 처리한 것이다(한국정보통신기술협회 ICT 시사상식, 2021).

을 위해 활용된 추가 정보로도 개인을 특정할 수 있는 정보(가명 정보)로 명시된 정보 등이다.

기업은 확정·판결된 개인정보를 침해하는 관련 법과 규제를 위반한 건수와 처벌 수위를 근거로 결과를 검증할 수 있다. 이 외에도 기업에 심각한 비용 손실을 야기시킬 수 있는 과태료, 과징금, 벌금 등이 부과된(예, 벌금액이 영업이익의 1% 이상인 경우) 개인정보 법을 위반한 건수를 근거로 결과를 확인할 수도 있다.

기업은 확정·판결된 개인정보 법과 규제 건수 이외에도, 현재 소송과 심리가 진행 중인 개인정보 법과 규제 위반 건에 대한 것과 검토의견과 대응계획을 이해관계자에게 공지할 필요가 있다. 아직 확정이나 판결되지 않았으나 기업에 재무적이거나 실질적으로 상당한 영향력을 미치는 소송과 심리 건수는 이해관계자에게 매우 중요한 정보이기 때문이다.

그래서 현재 진행 중인 소송과 심리 건에 대한 발생 사유, 법적인 대응 경과, 그리고 충당금[97]을 설정한 현황 등의 정보를 이해관계자와 함께 공유해야 한다. 기업은 전자공시시스템, 지속가능경영보고서 홈페이지 등의 정보공시 창구를 통해 동종 산업, 경쟁 기업의 개인정보 법과 규제 위반 내역 등을 확인할 수 있다.[98]

3) 사회의 법과 규제 위반

사회의 법과 규제 위반에 관한 판단은 「근로기준법」과 함께 다양한 사회 영역과 관련된 법률[99]로 공정거래, 고객

---

97 충당금은 미래에 예측되는 손실과 비용을 미리 상정하고 손실에 대한 전부나 일부를 비용으로 청구하는 것이다.

98 개인정보 침해 및 구제에 관한 참고자료는 「개인정보 보호법(개인정보보호위원회, 2020)」가 있다.

99 고용상 연령차별금지 및 고령자고용촉진에 관한 법률, 중대재해 처벌 등에 관한 법률, 산업안전보건법, 「소비자보호법」, 하도급거래 공정화에 관한 법률, 전자상거래 등에서의 소비자보호에 관한 법률, 가맹사업거래의 공정화에 관한 법률, 대규모 유통업에서의 거래 공정화에 관한 법률(K-ESG 가이드라인, 2021).

가치, 노동, 안전보건, 인권, 정보보호 등의 범주와 관련된 법과 규제 사항을 위반하는 행위를 의미한다.

사회의 법과 규제 위반에 따른 처벌수위는 사회 영역만큼이나 다양하다. 이는 사회 분야의 여러 법과 규제인「근로기준법」, 고용상 연령차별금지 및 고령자 고용 촉진에 관한 법률, 산업안전보건법,「장애인고용촉진 및 직업재활법」, 중대재해 처벌 등에 관한 법률,「산업재해보상보험법」, 남녀고용평등과 일·가정 양립 지원에 관한 법률(이하, 남녀고용평등법),「근로자직업능력 개발법」, 하도급거래 공정화에 관한 법률, 가맹사업거래의 공정화에 관한 법률, 대규모유통업에서의 거래 공정화에 관한 법률,「소비자보호법」, 전자상거래 등에서의 소비자보호에 관한 법률 등에서 확인할 수 있다(K-ESG 가이드라인, 2021).

기업은 확정되었거나 판결된 사회의 법과 규제 위반 건수와 처벌 수위의 결과를 확인할 수 있다. 이 외에도 기업에 심각한 비용 손실을 주는 총 벌금액수가 기업의 영업이익 1% 이상인 벌금, 과료, 과태료, 과징금을 통해 법과 규제 위반 건수를 결과를 확인하는 기준으로 활용된다.

기업은 확정되었거나 판결된 사회의 법과 규제 건수 외에도, 현재 소송과 심리가 진행 중인 위반 건에 관한 검토 의견과 대응계획을 이해관계자[100]에게 공지해야 한다. 확정이나 판결되지 않았으나, 기업에 재무적 또는 실질적으로 상당한 영향력을 미치는 소송과 심리 건은 이해관계자에게는 매우 중요한 정보이다.

그러므로 현재 진행 중인 소송과 심리에 대해 발생한 사유, 법적 대응 경과, 향후 대응 계획, 이에 대한 충당금 현황의 정보를 함께 공유해야 한다. 기업은 동종 산업과 경쟁업종의 법적인 위반사항을 전자공시시스템과 지속가능경영보고서 등의 정보공시 자료를 통해 확인할 수 있다.

---

100 이해관계자는 기업의 활동에 영향을 주고받는 개인이나 단체 등이다. 이해관계자의 범위는 주주와 사채권자 외에도 기타 투자자, 공급업체, 노동조합, 생산자, 소비자, 고객, 근로자, 사업 파트너, 정부, 시민사회단체, 지역사회, 비정부기구, 취약계층 등으로 구분될 수 있다(www.100.daum.net, 매경시사용어사전).

제6장

K-ESG:
지배구조(Governance)

1
지배구조: 이사회

1) 이사회의 ESG 관련 안건 상정

ESG가 사업운영과 중장기 발전을 위한 중요한 요소로 떠오름에 따라, 기업의 최고의사결정기구인 이사회에서 ESG 안건을 보다 적극적으로 검토, 심의, 의결하도록 요구받고 있다. ESG와 관련된 중요 안건은 회사의 이사회에서 심의·의결하도록 한다. 이를 위해, 이사회는 산하 위원회를 설치하여 전문적이며 효율적으로 ESG 관련 안건을 다루어야 한다.

기업은 이사회 산하에 'ESG 위원회'를 신설할 수 있을

뿐만 아니라, 기존의 감사위원회, 거버넌스 위원회, 경영위원회, 사회책임위원회, 투명경영위원회에서도 ESG의 안건을 처리할 수 있다. 즉, 위원회의 형식이 중요한 것이 아니라, 기업에서 실제로 ESG 안건을 심의하고 의결하는 것이 중요하기 때문이다. 무엇보다도 이해관계자는 기업의 최고의사결정기구에 기대하는 바를 충족시키는 것이 더 중요하다.

기업에서 ESG 안건을 제대로 다루기 위해 최고의사결정기구에서 형식적 요건과 실질적 요건을 갖추어야 한다. ① 이사회와 산하 위원회에서는 'ESG' 개념이 운영규정에 명시되는 형식적 요건을 갖추어야 하며, ② 이사회와 산하위원회가 ESG 안건을 어떻게 다루는지 확인할 수 있는 실질적 요건을 함께 갖추어야 한다.

형식적 요건은 이사회의 운영규정에 'ESG' 개념을 명시하여, 위원회의 ESG 의사결정에 관한 책임소재를 명확히 하려는 것이다. 이는 이사회와 위원회의 소집과 운영 목적을 달성하도록 하게 하는 제도적 장치로 필요하다. 그리고 실질적 요건은 이사회와 산하위원회가 ESG 안건을 단순히 보고만 받는 자리로 인식된다면, 기업의 최고의사결정 기구가 ESG에 대한 책임소재를 회피하기 때문에 필요하다. 그러므로 이사회와 산하위원회는 기업에 산재한 ESG의 주요 안건을 충분히 검토하여 심의하고 의결하기 위해 반드시 필요하다.

  이때 이사회와 산하위원회 운영규정에는 ESG와 관련하여 어떤 권한을 갖는지, 그리고 역할을 어떻게 수행하는지를 구체적으로 명시해야 한다. 즉, 'ESG와 관련한 사항'이라고 단순하게 적는 것보다는 ESG와 관련되어 무엇을 주로 검토하여 심의와 의결하는지에 관한 내용을 정확히 담아야 한다.[101]

---

101 이사회 내 ESG 안건 상정에 관한 참고자료는 「상법(법무부, 2020)」이 있다.

2) 사외이사 비율

기업의 사외이사는 경영활동에 대해 감독과 견제를 효과적으로 수행할 수 있어야 한다. 이는 기업이 합리적인 의사결정을 내리도록 의견을 자유롭게 제언하기 위해 사외이사의 독립성이 필요한 이유이다. 상법과「금융회사의 지배구조에 관한 법률」에서는 사외이사의 독립성 요건과 사외이사 결격사유를 명시하고 있다.[102]

기업 경영진의 의사결정에 사외이사가 영향력을 행사하거나 의결사항이 상당한 권한을 확보하기 위해서 사외이사의 비율이 충분히 확보해야 한다. 즉 충분한 사외이사의 숫자는 경영진을 견제할 수 있도록 비율을 결정해야 한다. 기업은 상법과 금융회사의 지배구조에 관한 법률에 근거하여 최소 요건을 상회하는 비율로 사외이사를 선임해야 한다.

---

102 상법 제382조 및 제542조와 금융회사의 지배구조에 관한 법률 제12조에서 사외이사에 관한 사항을 명시하고 있다.

상장회사의 경우, 이사회 전체 중 $\frac{1}{4}$ 이상을 사외이사[103]로 선출해야 한다고 규정하고 있다(상법, 제382조). 다만, 대통령령에 근거한 자산규모를 고려하여 상장회사의 사외이사는 3명 이상으로 하며 과반수가 되도록 정하고 있다(상법, 제542조의 8).

금융회사의 지배구조에 관한 법률에 의하면, 금융회사는 사외이사를 3명 이상으로 하며 이사 총수의 과반수가 되어야 한다. 다만, 대통령령으로 정하는 금융회사의 경우, 이사 총수의 4분의 1 이상을 사외이사로 구성해야 한다고 하였다(금융회사의 지배구조에 관한 법률, 제12조).

기업은 상법과 금융회사의 지배구조에 관한 법률에 근거하여, 사외이사의 독립성[104]과 사외이사 결격사유를 검토해야 한다. 즉, 기업의 모든 사외이사는 독립성이 보장

---

103 사외이사는 기업의 종사하지 않은 이사를 의미한다(상법, 제382조).
104 사외이사의 독립성은 기업과 사외이사 간 관계가 없으며, 경영진과 지배주주에게 어떠한 영향력을 받지 않은 상태에서 사외이사의 의사결정을 독립적으로 할 수 있는 것이다(skgas.co.kr).

이 핵심이다. 단, '사외이사 비율' 산정 시, 독립성과 관련하여 이의를 제기하여 사회적인 논란을 일으킨 사외이사는 '사외이사'로 간주해서는 안 된다고 권고하고 있다.

3) 대표이사와 이사회의장 분리

경영진의 대표와 이사회의 대표가 같다면, 이사회는 경영진의 의사결정과 경영활동을 제대로 감독하고 견제할 수 없다. 만약 대표이사와 이사회 의장이 분리할 수 없다면, 독립된 선임사외이사로 구성하여 이사회의 기능을 독립적으로 수행하도록 해야 한다. 선임 사외이사는 이사회(대표이사 또는 특수관계자가 이사회 의장으로 선임된 경우)에서 대표이사와 이해관계가 깊은 의사결정에 대해 이사회 의장을 대신하고, 사외이사들의 의견을 모아 대표로서 사내이사와 경영진에게 의견을 전달하는 역할을 수행한다.

국내·외 법률에 따르면, 많은 ESG 평가기관에서 대표이사와 이사회 의장의 분리와 선임 사외이사 임명과 관련된 사항을 아래의 법령과 같이 명시하고 있다. 금융회사의 지배구조에 관한 법률 제13조에 의하면, 이사회는 사외이사 구성원 중에서 이사회 의장을 매년 선임해야 한다. 만약 이사회 의장이 사외이사가 아닐 때, 그 이유를 공시하며 사외이사를 대표하는 이사를 선임 사외의사로 선임하도록 한다.

S&P Global은 독립성 충족 요건으로 사외이사의 이사회의장 선임이나 선임사외이사의 임명을 통해 이사회 의사결정의 독립성이 확보된 것으로 판단한다. MSCI 기업은 현직·전직 CEO와 창립자가 경영진이 포함되지 않을 때, 이사회의 운영에 있어 독립성이 확보된다.

상법에 의한 사외이사 결격사유를 보면 아래와 같다. 회사 상무로 근무하는 이사·집행임원, 피용자(노동자), 최근 2년 내 회사의 상무로 종사했던 이사나 감사 또는 집행임원과 피용자, 최대주주가 자연인일 때 본인과 배우자 또는 직계 존속과 비속, 최대주주가 법인의 이사, 감사 그리고 집행임원, 기업의 이사와 감사 또는 집행임원의 배우자와 직계존속·비속, 회사의 모회사와 자회사의 이사와 감사 또는 집행임원과 피용자, 회사와 중요한 거래관계가 있는 법인의 이사와 감사 또는 집행임원과 피용자, 회사의 이사와 집행임원 또는 피용자가 다른 회사의 이사와 감사 또는 집행임원와 피용자인 경우가 결격사유이다(「상법」, 제382조).

S&P Global는 사외이사 독립성 요건을 다음과 같이 제시하고 있다. 사외이사가 5년간 임원이 아니었던 경우, SEC Rule 4200 Definitions의 허용기준을 제외하고, 이사와 그 가족이 모회사와 자회사로부터 보상을 연간 6만 달러 이상 초과하여 받지 않은 경우, 이사의 가족이 지난 3년간 회사, 모회사 그리고 자회사의 임원이 아닌 경우, 이사가 회사의 고문과 상담자가 아니며 제휴 관계 아닌 경우, 이사가 중요한 고객이나 공급업체가 아닌 경우, 이사가 회사의 경영진과 서비스 계약을 하지 않은 경우, 이사가 상당한 기부금을 받는 비영리 단체에 구성원이 아닌 경우, 이사가 외부감사의 파트너나 직원이 최근 3년간 아닌 경우, 이

사가 이사회의 독립성과 관련하여 다른 이해관계가 없는 경우 등이다.

4) 이사회 성별 다양성

기업은 대내·외적인 경영환경의 변화에 대처하고 지속가능성을 확보하기 위해서 다양한 시각으로 당면한 문제를 해결할 수 있도록 다양한 성별의 이사를 선임해야 한다. 이 같은 다양성의 확보를 확인하는 대표적인 기준인 성(性)별 비율을 통해 점검할 수 있다.

이사회를 구성하는 이사들이 일방적으로 한쪽 성(性)에 치우치지 않아야 이해관계에서 벗어난 다양한 의견과 관점을 이사회의 의사결정에 반영할 수 있다. 하지만 우리나라의 이사회는 전문성을 가진 다양한 사외이사를 선임하고 있으나 성별 균형을 맞추려는 노력은 미흡한 편이다. 금융위원회는 「자본시장과 금융투자업에 관한 법률」을

2020년 개정하여(K-ESG 가이드라인, 2021), 최근 자산총액 2조 원 이상의 상장법인 이사회의 이사 모두를 특정한 성별로 이사회로 구성하지 않도록 규정하고 있다.

다만, 이사회의 성별 다양성은 단순히 숫자만 증가를 뜻하지는 않는다. 이는 기업이 전문성과 소통 능력을 갖춘 전문적인 남녀 이사를 균형 있게 구성하여 의사결정의 효율성을 높일 수 있도록 해야 함을 의미한다.

국내·외 ESG 평가기관은 기업의 사업경쟁력 강화와 기업문화 개선 차원에서 '여성 이사 비율'을 적시하도록 하고 있다. 이에 대한 지표를 이용하고자 할 경우 각 기관의 요건을 참고와 응용할 수 있다.

우선, S&P Global에서는 여성 이사 비율이 40~60%를 차지한 경우, 제대로 구성된 것으로 판단하고 있다. MSCI는 이사회의 다양성 확보의 기준을 여성 이사 비율이 30% 이상으로 보고 있다. 「자본시장법」 제165조의 20에서도 이사회의 전원을 특정한 성별로 구성하지 못하도록 규정한다. 그리고 미국 「캘리포니아 상원법」 제826호에서는 이사회의 구성원이 총 5명일 때는 특정한 성(性)별을 최소 2명으로 선임하고, 6명 이상일 경우에는 최소 3명을 선임하도록 규정하고 있다.

5) 사외이사 전문성

전문성을 갖춘 사외이사는 경영진의 의사결정에 적절한 제언과 감독을 이행할 수 있는 전문지식과 경력을 보유한 자를 의미한다. 해당 산업에 관한 전문지식과 경력은 한국표준산업분류에 적시된 동종 산업에 실무자나 경영진으로 재직하거나 관련 연구기관과 서비스 업종에서 근무한 경력을 의미한다.

이때 대학을 포함한 고등교육기관과 학술기관 경력은 제외한다. 글로벌 ESG 평가기관에서는 '산업별 사외이사의 전문성 비율'을 기업의 평가지표로 실제 운용하고 있다. 그러므로 기업은 사외이사를 선임하고자 할 때, 평가기관이 마련하여 운용하고 있는 '산업별 전문성' 요건을 참고할 필요가 있다.

S&P Global에서는 사외이사의 전문성을 판단하기 위해 국제산업분류표준(GICS)을 활용하고 있다. CICS Level 1의 산업분류 기준을 보면, 동종의 산업에 대한 전문지식이 있는 사외이사가 60% 이상을 차지하는 경우 해당 이사회의 전문성이 높다고 판단하고 있다. MSCI에서는 국제산업분류표준(GICS)을 기준으로 동일산업의 경력만을 사외이사의 전문성으로 인정하고 있다.

S&P Global은 GICS(Global Industry Classification Standard) Level 1 Sectors 기준의 동종 산업의 경력을 인정하고 있다. 산업 분류기준은 Materials(재료), Energy(에너지), Industrials(산업), Consumer(소비자), Discretionary(재량), Consumer Staples(소비자 분류), Healthcare(헬스케어), Information Technology(정보 기술), Financial(재정), Utilities(지원프로그램), Communication Services(커뮤니티 서비스), Real

Estate(부동산) 등으로 다양하다.

  기업에서 진행하는 사업이 복잡하고 다양한 경우, 사외이사의 업무역량은 기업의 사업 운영 방식, 공급망의 특수성, 제품과 서비스의 특성과 관련되어 있으므로, 동종 산업에 경력만을 해당사항으로 본다. 이에 해당하는 첫 번째 사례는 식품생산업이 주요 업종이거나 생산한 식품의 주요 판매 채널이 인터넷일 경우, 온라인 거래와 같은 유통 경력을 동종 산업의 경력으로 판단하고 있다. 두 번째 사례는 현재 정보통신업으로 분류되지만, 온라인 금융(Fin-Tech)[105]이 주력인 경우는 금융, 보험, 증권 분야를 동종 산업 경력으로 본다.

---

105 Fin-Tech(금융 기술)는 기업과 소비자 모두를 위해 전통적인 형태의 금융을 개선하고 자동화하기 위해 만들어진 소프트웨어, 모바일 애플리케이션 및 기타 기술을 가리키는 포괄적인 용어이다. 핀테크에는 간단한 모바일 결제 앱에서 암호화된 거래를 수용하는 복잡한 블록체인 네트워크에 이르기까지 모든 것이 포함될 수 있다(www.bootcamp.cvn.columbia.edu).

6) 전체 이사의 출석률

우리나라의 상법에서는 일반적으로 이사회의 출석을 의무화하지 않고 있다. 그러나 이사회의 출석률은 이사의 업무수행을 확인하는 중요한 지표이다. 상법 제393조 4항을 보면 이사회는 3개월에 한 번 이상 이사들에게 업무의 진행을 보고하도록 규정하고 있다. 이는 사내이사와 사외이사가 연간 최소한 4회 이상 이사회에 참석해야 함을 의미한다.

이사회 출석은 정해진 규정에 따라 선관주의[106]에 근거한 이사들의 자율사항이다. 따라서 개별적으로 이사회 참석을 강제할 수는 없다. 그러나 이사회의 출석을 높이기 위해 다음과 방식을 활용할 수 있다. 이사회 모든 구성원

---

106 선관주의는 선량한 관리자의 주의로 정의되며, 사회적 지위나 직업에 따라서 일반적으로 요구되는 수준의 주의를 기울여야 함을 의미한다. 즉, 인도를 완료할 때까지 채권자가 특정물을 보관하거나 사무 처리를 맡는 것이다(법률용어사전, 2016).

의 최소 참석률을 규정하는 방식, 이사들의 다른 직무를 최소화하는 방식, 이사들의 이사회 참석과 활동을 평가하여 재선임 반영하는 방식이 있다.

기업은 이사회의 모든 구성원이 적극적으로 참여를 유도할 수 있도록 노력해야 한다. 참여를 유도하기 위한 방법은 이사회의 심의와 의결이 필요한 안건을 지속적으로 상정하는 방법, 이사가 기업경영에 참여시키는 방법, 기업의 발전방향을 위한 제언을 하는 데 필요하고 중요한 정보를 공유하는 방법, 이사들의 개별적인 의견을 종합적으로 수렴하는 방법 등이 있다. 이러한 유인책을 활용하여 이사회 구성원들이 이사회 참여에 대한 필요성을 인식할 수 있도록 노력해야 한다.[107]

---

107 전체 이사 출석률에 관한 참고자료는 기업공시서식 작성기준(금융감독원, 2021), 상법(법무부, 2020), 금융회사 지배구조 모범규준(금융위원회, 2014) 등이 있다.

7) 사내이사의 출석률

앞서 언급한 바와 같이, 상법에서는 이사들의 출석을 의무화하지 않고 있다. 그렇지만 이사들의 출석률은 업무수행과 역할이행을 충실성을 파악하는 중요한 지표이다. 「상법」 제393조 4항에 의하면, 이사회의 업무진행을 보고하는 사내이사도 연간 최소 4회 정도 회의에 참석해야 한다.

이사회 출석은 규정 내에서 이사들의 자율적인 사항이므로, 사내이사도 이사회 출석을 강제로 의무화할 수는 없다. 그러나 사내이사의 출석이 미흡하거나 소극적일 때는 아래의 방식이 활용할 수 있다. 사내이사의 최소한 참석률을 규정하는 방식, 사내이사의 다른 직무를 줄이는 방식, 사내이사의 이사회 참여 활동을 평가하여 이를 재선임 절차에 반영하는 방식을 활용하고 있다.

또한, 기업은 사내이사가 적극적으로 이사회에 참여할 수 있도록 유인책을 제공해야 한다. 즉, 사내이사가 심의와 의결이 적절한 안건을 계속 상정할 수 있게 하거나 기업경영에 있어 중요한 정보를 공유하는 방법, 이사의 개별 의견을 이사회에서 종합적으로 제시할 수 있도록 하는 방법 등이 있다. 이 같은 유인책은 사내이사들이 이사회에 적극적으로 참석할 필요성을 높일 수 있게 한다.[108]

8) 이사회의 산하위원회

모든 기업의 안건을 이사회에서 심의하고 의결하는 것은 비효율적이다. 그러므로 전문성이 필요한 특정한 안건이나 독립성이 요구되는 사안에 대해서 이사회의 산하위원회를 두어 검토하고 심의하게 하여 이사회 운영의 효율성을 제고하고 있다. 상법 제393조의 2에 의하면 이사회가 안건을 산하위원회에 위임할 수 있도록 인정하고 있다. 즉, 이

---

[108] 사내이사 출석률에 관한 참고자료는 기업공시서식 작성기준(금융감독원, 2021), 상법(법무부, 2020), 금융회사 지배구조 모범규준(금융위원회, 2014) 등이 있다.

사회는 ① 주주총회의 승인이 필요한 사항의 제안, ② 대표이사의 선임과 해임, ③ 위원회의 설치, ④ 위원회 위원의 선임과 해임, ⑤ 정관에서 규정한 이외의 사항에 대해 위원회에 권한을 위임할 수 있도록 한다.

위원회는 산하위원회를 설치할 때, 이사 2명 이상을 포함하도록 하고 있다. 금융회사의 지배구조에 관한 법률에서는 금융회사가 이사회의 산하위원회를 설치할 경우, 해당 위원회 구성원 중 과반수는 사외이사로 배정하도록 한다. 이사회의 산하위원회가 필요로 인해 설치하고 운영되었는지, 기업의 안건을 검토에 있어 독립성이 보장되는지, 의사결정에 있어 합리성과 전문성이 있는지를 위원회의 운영규정을 제정하면서 반드시 검토해야 한다.

위원회 운영규정은 위원회가 위임받은 권한과 역할을 명확하게 함으로써 위원회의 소집과 운영 목적을 달성하도록 하게 하는 장치로 활용된다. 특정 이사가 모든 위원회에 포함될 경우, 해당 이사가 전문성이나 독립성이 없어 단순히 거수기 역할을 할 가능성이 크기 때문이다.

사외이사를 과반수 이상 선임하는 것은 위임받은 이사회의 의사결정에 대해, 경영진을 포함한 기업과 독립적인 관점에서 안건을 검토하고 의결하기 위해 반드시 필요사항이다. 연간 3회 이상 개최되는 이사회가 산하위원회를 두는 것은 기업의 모든 안건에 대해 모든 이사가 검토하면서 발생하는 시간적 또는 금전적 비효율성을 줄이기 위함이다.

위원회의 안건이 비교적 적을 경우, 위원회의 설치와 운영이 필요한지를 재검토해야 한다. 또한, 위원회의 전문적인 의사결정을 위해 안건에 관한 심의와 의결을 이사회로부터 위임받아 논의하는 것이 주된 목적이어야 한다. 단순히 안건을 보고받는 것을 넘어서, 심의와 의결의 역할을 적극적으로 수행해야 한다.[109]

---

[109] 이사 산하 위원회에 관한 참고자료는 상법(법무부, 2020)이 있다.

9) 이사회 안건 처리

이사회 안건 처리는 '이사들의 자유로운 의견개진이 가능한지'를 확인하면서 시작된다. 전체 이사회의 안건 처리는 가결, 수정, 그리고 부결 비율을 측정하여 확인한다. 이 같은 방법 외에도 이사회의 진행 과정과 결과를 기재한 회의록을 통해 논의된 사항을 확인하는 방법이 있고, 이사회 구성원의 안건 검토를 위한 개별적으로 제공되는 자료를 요청하여 확인하는 방법 등이 있다. 이를 통해 '이사회의 의견 개진의 자율성과 독립성의 현황'을 확인할 수 있다.

의사결정의 합리성과 경영감독의 독립성을 위해, 이사회는 이사들에게 충분하고 정확한 정보를 제공해야 한다. 이를 통해 이사회 구성원들은 필요한 자료를 미리 확보하여 충분히 검토하고 확인한 후, 이사회의 회의에서 의견을 제시하고 반영해야 한다. 이를 위해 기업은 이사들에게 자료를 검토할 수 있는 충분한 시간적 여유를 함께 제공해야 하며, 동시에 물적 자원과 인적 자원에 대해 접근이 가능하도록 전폭적인 지원을 해야 한다. 특히, 이 같은 사항을 기업의 내부규정에 명문화하여 운영해야 한다.[110]

---

110 이사회 안건 처리에 관한 참고자료는 상법(법무부, 2020), ESG 모범규준(한국기업지배구조원, 2021) 등이 있다.

2
지배구조: 주주총회

1) 주주총회 소집 공고

기업은 주주총회의 개최 일시, 장소, 의안 등의 정보를 미리 주주들에게 제공해야 한다. 주주총회 정보는 의안을 사전에 주주들이 면밀히 검토하여 판단과 의결에 객관성과 합리성을 확보하도록 해야 한다. 또한, 주주총회의 개최 일정은 많은 주주의 참석을 유도할 수 있도록 충분한 시간을 제공해야 하며, 이는 서면과 주주의 동의하에 전자문서 등을 활용하여 다양한 방법으로 통지해야 한다.

주주총회에 관한 소집 통지와 관련된 사항들을 다음과 같이 명시하고 있다. 주주총회를 소집한 경우, 주주총회 일정은 약 2주 전에 서면이나 전자문서로 통지를 발송되어 주주의 동의를 받도록 해야 한다(상법, 제363조). 다만, 주주들이 주주총회의 통지서 명부상 주소에 3년간 전달되지 않을 경우는 회사는 총회 소집을 해당 주주에게 통지할 의무가 사라진다. 통지서에는 회의의 목적이 정확하게 적시해야 한다. 자본금이 10억 원 미만일 경우, 회사의 주주총회는 총회일 10일 전까지 각 주주에게 통지를 서면이나 전자문서로 발송해야 한다. 10억 원 미만의 자본금 회사는 주주 모두가 동의할 때, 소집과 관련된 절차가 없어도 주주총회기 개최될 수 있으며, 서면으로 주주총회의 결의를 대신할 수 있다. 또한, 결의 내용에 대해 주주 모두의 서면 동의가 있다면, 서면에 의한 결의가 가능하다고 본다.

기업은 주주총회 소집 공고를 주주총회 안건을 충분히

판단할 수 있도록 시간을 고려할 필요가 있다. 일반적으로 주주총회 소집 공고는 총회일 14일 전까지 하도록 한다(상법 제363조 1항). 그러나 주주총회 안건이 주주가 분석하는 데에 14일이 부족할 정도로 중요한 경우, 14일보다 더 길게 총회 일정을 잡아야 한다.

사례를 살펴보면, 아세안 기업지배구조협회(Asean Corporate Governance Association)는 일반적으로 주주총회를 개최일보다 28일 전에 통지하도록 하고 있다. 한국기업지배구조원(KCQS)은 주주총회의 개최 일정을 정할 때 모든 주주의 참석이 가능하도록 기업지배구조 모범기준에서 권장하고 있다.

또한, 기업은 주주들이 의결권에 필요한 사업보고서와 감사보고서를 주주총회 소집 전에 공시해야 한다. 사업보고서와 감사보고서는 주주총회일 1주 전까지 홈페이지나 전자문서에 게재하도록 하고 있다(「상법 시행령」 제31조 항). 기업은 상법에서 규정하는 사항을 지키는 수준을 넘어, 주주와 의결권자문기관 등과 관련된 이해관계자들이

충분히 판단하여 의결할 수 있도록 충분한 시간을 두고 사업보고서와 감사보고서를 공지해야 한다.[111]

2) 주주총회 집중일 이외 개최

기업은 주주총회 집중일 이외의 장소, 안건 등의 내용을 주주에게 사전에 제공해야 한다. 기업은 주주에게 제공한 관련 안건을 충분히 사전에 검토하고 객관적인 분석과 판단할 수 있는 충분한 시간을 제공해야 한다. 주주총회는 주주들이 가장 많이 참석하도록 충분한 서면통지 기간과 전자문서로 통지되어야 한다.

다음은 주주총회 집중일 이외의 소집에 관한 상법의 내용이다. 주주총회 집중일 이외 일정을 소집할 때는 최소한

---

111 주주총회 소집 공고에 관한 참고자료는 상법(법무부, 2020), 상법 시행령(법무부, 2021), 기업지배구조 모범규준(한국기업지배구조원, 2021) 등이 있다.

2주 전에 각 주주에게 서면으로 통지를 발송하거나 각 주주의 동의를 받아 전자문서로 통지를 발송하여야 한다(상법, 제362조). 다만 주주명부상 주소에 통지서가 3년 이상 전달되지 않은 경우, 회사는 그 주주에게 총회 소집을 통지하지 않아도 된다. 통지서에는 회의의 목적사항을 적시해야 한다. 10억 원 미만의 자본금 회사는 주주총회일의 10일 전 모든 주주에게 서면통지나 전자문서 통지를 발송해야 한다. 10억 원 미만인 자본금 회사는 주주 전원의 동의한 경우에 소집절차 없이 주주총회의 개최가 가능하다. 또한, 주주총회의 결의를 서면 결의로 대신할 수 있다.

금융당국과 한국상장회사협의회는 상장회사의 정기 주주총회가 특정한 날에 집중된 관행을 개선하기 위해 2018년부터 주총분산 자율준수 프로그램을 마련하여 운영하고 있다.[112]

---

[112] 주주총회 집중일 이외 개최에 관한 참고자료는 상법(법무부, 2020), 주총분산 자율준수 프로그램(한국상장회사협의회, 2021) 등이다.

3) 집중·전자·서면 투표제

기업은 주주의 기본적인 권리행사, 재산보호, 이해관계 등의 자유로운 의결권을 행사할 수 있는 직·간접적인 다양한 기회를 보장해야 한다. 주주의 의결권 행사를 쉽게 할 수 있는 방법은 '서면투표제'와 '전자투표제'가 있다. 이로 인해 주주가 총회에 직접 참석하지 않아도 의결권을 행사할 수 있게 되었다.

이는 기업의 중요한 총회 안건에 대해 주주의 의사를 쉽게 반영할 수 있고, 기업에 관한 견제와 감독도 수월하게 되었다. 특히, 전자투표제의 활용은 기업의 총회 경비를 절감하면서 중요한 회사의 안건을 의결할 수 있는 장점이 있다.

국제기업 지배구조 네트워크(ICGN)는 적극적인 의결권의 행사를 위해 각 기업이 서면투표제와 전자투표제를 통해 보다 포괄적인 주주의 의결권 행사를 도와야 한다고 하였다. 우리나라에서도 서면에 의한 의결권(상법 제368조의 3)과 전자투표에 의한 의결권(상법 제368조의 4) 행사를 기업에서 보장하도록 하고 있다.

주주가 직접 기업의 경영현황을 보고받거나 기업의 경영권에 실질적으로 참여할 수 없는 경우, 주주는 이사에게 권한을 위임하여 기업의 경영에 간접적으로 참여할 수 있다. 따라서 이사회를 구성하는 개별이사는 기업의 모든 주주의 이해관계를 종합적으로 고려해야 한다.

이때 집중투표제는 소수의 주주가 자신의 이해관계를 대표하는 이사를 선임하는 장치이다. 기업이 사내이사와 사외이사의 '독립성'과 '전문성' 자격요건을 강화한다면, 집중투표제는 주주의 입장에서 전문성과 독립성을 갖춘 이사를 선임하기 매우 용이한 방법이다.

세계적인 의결권자문사(ISS)의 의결권 행사지침을 보면, '집중투표제'를 도입하는 안건은 찬성투표를, '집중투표제'를 배제하는 안건은 반대투표를 하도록 권고하고 있다. 상장회사는 정관으로 집중투표를 배제하거나 주주의 의결권을 제한하도록 규정하기도 한다. '집중투표제' 도입은 기업의 자율성을 보장하는 것이다(상법 제542조의 7).

주주 의결권의 편리성을 보장하는지 점검하기 위한 방식으로 '서면투표제', '전자투표제', '집중투표제' 등이 있다. 국내 동종 산업과 경쟁 업체가 '서면투표제', '전자투표제', '집중투표제'를 어느 정도 도입하고 있는지를 비교할 수 있으며, 국내·외 지배구조 관련 자문기관과 의안분석기관의 권장사항을 비교하기도 한다.

기업은 장기적으로 보다 안정적인 경영 성장을 위해서 '서면투표제', '전자투표제', '집중투표제' 등을 도입하여 확산해야 한다. 단, 기업이 해당 제도를 도입하지 않는 사유와 도입을 할 때 발생하는 위험 요소에 관한 충분한 설명이 필요하다.

'서면투표제', '전자투표제', '집중투표제' 등이 잘 도입되지 않은 이유는 다음과 같다. 투기자본이 유입될 경우 기업의 경영권 방어에 어려움이 있다. 자유로운 의사표명은 기업이 마련한 장기 비전과 사업의 연속성을 떨어뜨릴 수 있다. 소수 주주로부터 위임을 받은 이사가 의도적으로 이사회 운영을 방해할 수 있다.

4) 배당정책과 이행

배당정책은 기업이 향후 배당목표를 주주들에게 설명하는 것이다. 이때 배당수준을 향후 유지할 것인가, 확대할 것인가, 축소할 것인가에 대한 방향성을 제시해야 한다. 또한, 배당목표를 결정할 때 사용한 재무지표와 산출방법을 함께 명시해야 한다. 그리고 기타 자사주 매입과 소각 계획 등을 포함해야 한다. 기업의 당해 연도 배당계획에는 다음의 정보들이 포함되어야 한다.

우선, 배당규모는 주당 배당금, 배당수익률에 따라 달라질 수 있으며, 배당성향에 따라 배당수준 유지하거나 확대 또는 축소하기도 한다. 배당형태는 현금배당, 주식배당, 기타 현물배당으로 구분되고 있다. 배당시기는 분기배당, 중간배당, 결산배당 등으로 다양하다.

기업의 단순한 배당성향과 배당수익률은 주주의 가치 증가와는 직접적으로 연계되지 않는다. 해당 항목은 주주가치 증진을 위해 단순히 배당성향과 배당수익률을 높일 것으로 요구하는 것이 아니다. 그러므로 주주가 투자를 결정할 때 필요한 정보와 시간을 갖도록 기업이 배당성향, 배당수익률, 배당정책의 근거와 정보를 미리 통지해야 한다.

기업의 배당정책은 종합적으로 고려하여 결정되는 것으로 배당정책에는 해당 요소들에 관한 기업의 정보가 충분히 반영되어야 한다. 기업은 전자공시시스템의 사업보고서(정기공시)와 현금현물배당결정(거래소 수시공시)의 정보공시 창구를 통해 산업 평균 및 경쟁 업체의 배당정책과 이행의 정보를 확인할 수 있다.[113]

---

113 배당정책 및 이행에 관한 참고자료는 기업공시서식 작성기준(금융감독원, 2021), 상법(법무부, 2020)에서 찾을 수 있다.

3
지배구조: 규범 및 감사

1) 윤리규범 위반사항 공시

윤리규범은 올바른 기업의 의사결정과 윤리적 판단을 내리기 위해 윤리경영의 실천기준을 회사의 구성원에게 제시하는 것이다. 기업에 속한 구성원과 해당 기업과 거래관계에 있는 이해관계자들이 업무수행 과정에서 준수해야 하는 행동방식에 관한 문서이다. 기업마다 윤리규범을 일컫는 용어는 윤리헌장, 윤리강령, 행동강령, 행동규범, 청렴규범 등으로 매우 다양하게 적용하고 있다.

윤리규범 위반이란, 기업이 제정한 윤리규범을 위반한

행위와 사회적인 통념과 윤리를 위반한 행위를 의미한다. 이러한 윤리규범 위반행위에 포함되는 사항은 다음과 같다. 이해관계 상충행위, 직무권한 및 지위남용, 공정거래 미준수 행위, 자금세탁방지 위반, 중요정보 관리 위반행위, 품질기준 저해행위, 괴롭힘과 차별행위 등이다.

윤리규범 위반 사건은 기업의 내부감사를 통해 확인하거나 기업 내·외부의 제보자로부터 직접 제보를 받았거나 기업과 관련된 외부기관인 주무관청으로부터 이첩을 받은 사건 중 기업의 윤리심의위원회(또는 징계위원회)의 개최로 결과가 확인된 사항을 의미한다.

기업이 사업의 운영과정에서 법을 위반할 경우, 재무적 또는 비재무적 손실이 발생할 뿐 아니라 기업의 윤리규범을 위반할 때도 재무적 손해와 기업 이미지와 브랜드의 가치하락으로 막대한 손실을 볼 수 있다. 따라서 기업은 윤리 위험관리·감독 체계를 제대로 구축해야 한다.

기업에서 윤리위험 관리성과를 점검하는 방식으로는 기업에서 과거 발생한 윤리위반 건수와 비교하는 방식, 기업이 자체적으로 설정한 윤리위반 발생 건수와 비교하는 방식, 벤치마킹하는 경쟁 업체의 산업 평균과 비교하는 방식 등이 있다. 기업은 지속가능경영보고서와 같은 정보공시 창구를 통해 산업 평균과 경쟁 업체의 윤리경영에 관한 위반행위의 정보를 확인할 수 있다.

2) 내부감사부서 설치

기업은 감사위원회의 회계감사와 업무보조를 위한 내부감사부서를 설치해야 한다. 감사위원회는 기업의 재무와 회계 등에 관한 감독 등의 내부통제제도[114] 업무에 집중하고 있어 일반적인 감사업무를 수행하는 데에는 한계가 있다.

---

114 내부통제제도는 투명성과 책임성을 제고하는 동시에, 경영활동을 효과적으로 통제하는 방법이다. 일반적으로 회계 측면의 영업·보관·회계 등 기업의 경영활동에 대해 내부견제와 내부감사를 통해 점검한다(www.100.daum.net, 기획재정부, 시사경제용어사전).

특히, 감사위원회가 전원 사외이사로만 구성된 경우, 기업의 재무, 회계, 감사에 관한 내부정보의 접근에 많은 제약이 발생한다. 그러므로 이를 보완할 수 있는 내부감사부서 설치는 매우 필요한 사항이다.

우리나라 상법에는 상장회사의 내부감사부서를 설치하는 강제 규정이 없다. 그러나 금융회사의 지배구조에 관한 법률 제20조와 「공공기관 운영에 관한 법률」 제32조에는 감사위원회와 지원부서를 설치하는 규정이 있다. 금융회사는 감사위원회와 감사의 업무를 지원하는 담당 부서를 설치하도록 한다. 공공기관 운영에 관한 법률 제32조6항에 의하면 공공기관 등의 기관장은 감사위원회와 감사 임무를 수행을 위해 직원 채용을 지원하도록 규정하고 있다.

감사위원회를 지원하는 내부감사부서[115]를 두고 있는 경우, 기업은 내부감사부서의 '전문성'과 '독립성'을 보장해야 한다. 한국상장회사협의회가 제정한 상장회사 감사위원회의 표준직무규정에는 감사위원회의 전속 감사부서를 마련하도록 하고 있다(K-ESG 가이드란인, 2021).

이때, 감사부서에 속한 인력의 자격요건을 전문적이며 독립적인 감사부설기구과 내부감사부서를 운영할 수 있는 인력을 확보하도록 다음과 같이 규정하고 있다. 우선 내부감사인력은 감사업무의 수행에 필요한 전문성이 있어야 한다. 감사업무의 전문성은 국제공인내부감사사(CIA)[116]와

---

115 내부감사부서는 감사인이 회사 내부에서 감사 활동과 기능을 다하는 경영활동의 부서이다. 내부감사부서는 감사계획을 수립하고, 집행한 결과의 보고서를 작성하는 감사업무를 총괄하는 부서이다(www.100.daum.net, 기획재정부, 시사경제용어사전).

116 국제공인내부감사사(CIA; Certified Internal Auditor)는 국제공인 내부감사 전문 자격증이다. CIA는 공공 및 민간부문 환경 관련 내부감사를 집행한다. 세계감사인협회(IIA, The Institute of Internal Auditors)에서 자격시험을 주관하고 있어 내부감사인의 전문역량을 검증하는 지표가 된다(www.theiia.kr; 한국감사협회).

공인회계사(CPA) 등으로 전문자격증 소지자이며, 주권상장법인의 감사업무를 수행한 경험이 있는 경력자여야 한다. 그렇지만 징계를 받은 날로 2년 이내에 있는 전문가, 경영진에게서 독립되지 않은 경력자, 조건부 임용자와 임시직, 감사위원회에서 부적격자로 인한 자 등은 내부감사 인력이 될 수 없다.

3) 감사기구 전문성(회계 및 재무 전문가)

감사위원회의 주된 업무는 회계, 재무, 감사 등의 회계감사이다. 감사위원회가 제대로 운영되기 위해서는 기업과 이해관계가 상충되지 않아야 한다. 특히, 감사위원회의 핵심 역할은 재무제표 작성과 회계감사를 감독하는 업무이므로, 회계와 감사업무에 관한 전문성은 반드시 필요하다.

국내의 상장회사와 금융회사에서는 감사위원회의 회계와

재무 분야 전문감사위원을 선임해야 한다(상법 제542조의 11, 금융회사의 지배구조에 관한 법률 제19조). 자산규모가 2조 원 이상인 상장회사 중에서 감사위원회를 설치한 기업은 1인 이상의 회계과 재무 전문가를 감사위원으로 포함시켜야 한다고 규정하고 있다(상법, 제542조의 11). 금융회사의 지배구조에 관한 법률 제19조에 따르면, 금융회사는 감사위원 중 최소 1명 이상의 회계 전문가나 재무 전문가를 선임하도록 규정하고 있다.

상법과 금융회사의 지배구조에 관한 법률에서 제시하는 '대통령령으로 정하는 회계 또는 재무 전문가'는 공인회계사 자격증 취득 후 5년 이상 관련 업무에 종사한 경력자, 재무 또는 회계 분야의 석사와 박사로 연구기관과 대학에서 연구원이나 조교수 이상으로 5년 이상 근무한 경력자, 주권상장법인에서 재무와 회계 관련 5년 이상 임원 또는 10년 이상 임직원의 경력자, 국가, 지방자치단체, 공공기관, 금융감독원, 한국거래소, 금융투자업 관계기관에서 재무와 회계 업무 또는 이에 관한 감독업무에 5년 이상의 경력자, 「금융위원회의 설치 등에 관한 법률」 제38조에 따른 검사 대상기관의 재무와 회계 업무에 5년 이상 경력자, 끝으로 금융위원회가 인정하는 경력자 등이다.

기업은 이사회의 독립성과 전문성을 갖춘 다양한 감사위원을 선출하고자 할 때, 감사위원 모두를 회계와 재무 전문가로 선임하는 데에 많은 한계가 따른다. 이때, 감사위원회 전문성 수준을 확인하는 방식은 동종산업 내 감사위원회 구성원 비교하는 방식, 기업이 자체적으로 설정한 감사위원회 전문성 수준 비교하는 방식, 기타 주무관청과 산업표준에서 권고하는 감사위원회 전문성 지침과 비교하는 방식 등이 활용된다. 기업은 전자공시시스템과 같은 정보공시 창구를 통해 산업 평균과 경쟁업체에 대한 감사위원회의 전문성과 독립성을 확인할 수 있다.[117]

---

117 감사기구 전문성에 관한 참고자료는 상법(법무부, 2020), 감사위원회 운영 지침(한국공인회계사회, 2020) 등이 있다.

4) 지배구조의 법과 규제 위반

지배구조의 법과 규제 위반의 내용은 다음과 같다. '감사기구 구성과 운영', '경영정보의 자료공시', '계열회사와 특수관계인의 거래', '상호출자를 활용한 소유구조', '이사회 구성과 운영', '주주권리 보호'를 위반한 사항을 규제 위반으로 본다.[118]

이를 법과 규제 위반으로 보는 이유는 다음과 같다. 우선, 감사기구 구성과 운영을 원활히 하기 위해서는 감사위원회의 독립성과 전문성이 반드시 확보되어야 하기 때문이다. 또한, 경영정보의 자료공시는 정기적으로 수시로 공시되어야 하며, 정보공시는 자진해서 올리고 오류의 정정이 제대로 이루어지도록 공시해야 한다.

특수관계인과의 거래는 계열회사의 출자총액과 지급보증을 확인해야 하며 이때 담보제공도 함께 확인해야 한다. 상

---

118 상법, 자본시장과 금융투자업에 관한 법률, 금융회사의 지배구조에 관한 법률(K-ESG 가이드, 2021).

호출자 등 소유구조에서는 지분율의 5% 이상을 공시자료로 제공하고 있으며, 상호출자제한기업 간의 주식 취득과 소유 상황을 확인해야 한다. 이사회 구성과 운영은 사외이사와 여성이사의 선임을 공시해야 하고, 경영진의 보수에 관한 정보도 확인할 수 있어야 한다. 끝으로 주주권리 보호는 집중투표제와 전자투표제를 활용하여 주주의 의결권을 보장해야 하며, 주주제안과 주주대표소송 등도 원활히 진행할 수 있어야 한다.

기업은 확정 판결된 지배구조 관련 법과 규제 위반 건수, 처벌 수위를 근거자료로 제시해야 한다. 또한, 기업에 심각한 비용 손실을 미치는 회사 영업이익 1% 이상에 해당하는 벌금, 과태료, 그리고 과징금이 부과된 지배구조의 법과 규제 위반 건수를 기준으로 확인해야 한다.

기업은 확정 판결된 지배구조 관련 법과 규제 건수 외에도, 현재 소송 또는 심리가 진행 중인 지배구조 법과 규제 위반 건에 대한 검토의견와 대응계획을 이해관계자와 투명하게 알릴 필요가 있다. 아직 확정 판결되지 않았으나 기업에 상당한 재무적 영향이나 실제 영향을 미치는 소송과 심리 건은 이해관계자에게 매우 중요한 정보가 된다. 이에 관한 정보는 현재 진행 중인 소송과 심리의 원인, 법적인 대응 경과, 그리고 개선 계획과 충당금 설정 등으로 반드시 공유되어야 한다.

제7장

K-ESG: 정보공시
(Information Disclosure)

1
정보공시 개요

1) ESG 정보공시란

정보공시는 K-ESG 지침의 진단항목에서 특별히 마련한 항목으로 K-ESG의 특징 중 하나이다. 이유는 중소기업을 포함한 기업 차원에서 ESG와 연관된 정보를 먼저 설명해야 하기 때문이다. 그렇다면 K-ESG의 정보공시 방식은 어떻게 구성하여 시스템을 마련했는지 살펴보자.

ESG 정보공시는 투자자를 비롯한 다양한 이해관계자의 의사결정과 가치판단에 영향을 미칠 수 있는 환경, 사회,

그리고 지배구조에 관한 정보를 자체적으로 공개하는 것이다(K-ESG 가이드라인, 2021). 기업은 매년 ESG 정보공시를 홈페이지에 사업보고서, 지속가능경영보고서, 정기간행물의 형태로 ESG 정보를 종합적으로 공개해야 한다. 정보공시는 이해관계자 모두가 해당 ESG 정보에 대한 접근이 가능해야 하며, 정보공시 여부에 대해서도 대내·외에 알려야 한다.

ESG 정보는 중대성 평가(Materiality Test)[119]의 결과로 이루어진 주요 이슈로 ESG 사업진행에 관한 '목표', '전략', '활동', '조직', '성과'에 관한 정보이다. 특히, 사업과정에서 지속적 관리가 필요한 ESG 이슈를 의미한다. 또한, 기업의 ESG 관련 이슈는 기업의 성장에 미치는 ESG 이슈를 관리하지 않아 발생할 수 있는 위험(risk)도 ESG의 핵심적

---

119 K-ESG의 중대성 평가는 조직의 경제적, 환경적, 사회적 영향과 이해관계자들의 평가, 의사결정을 모두 고려하여 보고서에서 다룰 가치가 있다고 판단되는 주제를 선정하는 과정에서 각 ESG 문제의 중요도를 판별하고 우선순위를 지정하는 방법을 의미한다(박은수·이지윤, 2022).

인 정보가 된다.

 정부, 투자기관, 그리고 서비스 기관별 ESG에 관련된 정보공시 요구자료의 수준이 복잡해지면서, 주요 국가별 비교 가능한 규제지침과 글로벌 산업표준 등에 맞춘 여러 정보공시 지침이 제시되고 있다. 그렇지만, 모든 기업과 조직에 통용되는 정보공개 방식은 아직 확정되어 있지 않다. 현재 주요 국가별, 산업별로 제시하고 있는 정보공시의 방식은 크게 공시규제 사항인 사업보고서, 지속가능성 경영보고서, 기업의 홈페이지 및 기타 플랫폼, 정부가 운영하는 플랫폼에 ESG 정보 등이 대표적이다.

 ESG 정보 접근성은 정보수요자가 시간, 장소, 방식에 어려움을 겪지 않고 쉽게 ESG에 관한 정보를 접할 수 있어야 한다. 즉, ESG 정보의 접근성을 높이기 위해 다양한 채널을 활용해야 정보공시 자료를 대외적으로 확산할 수 있다. 또한, 기업은 ESG 정보 접근성 향상을 위해 ESG 관련한 기업의 모든 정보가 연결되는 쌍방향(Interactive) 기술, 사회적 취약계층과 소외계층을 위한 베리어-프리

(Barrier-Free) 기술, ESG 정보의 분석력, 접근성, 비교성을 높이기 위해 전자인식기호(XBRL)[120] 기술을 반영한 ESG 정보공시의 다양한 방식들이 도입되고 있다.

2) ESG 정보공시 주기

ESG 정보이용자가 기업의 ESG 정보를 효과적으로 활용하기 위해서는 주기적으로 ESG 정보를 공시하는 것이 무엇보다도 중요하다. ESG 정보의 적시성 확보는 ESG 정보공시 주기를 재무정보 공시주기와 같이 공개하거나 재무정보를 공시한 후 ESG 정보를 최대한 빨리 공시해야 한다. 또한, 정보이용자에게 상당한 영향력을 미칠 수 있는

---

120 XBRL(extensible business reporting language)은 전자태그를 활용하여 계산방식, 대차관계, 그리고 표시순서 등의 기업 재무정보를 국제표준의 전자언어로 보고하는 방식이다. XBRL은 태그를 사용하여 재무 데이터의 각 부분을 식별한 다음 XBRL을 사용하면 기업 간 데이터를 쉽게 전송할 수 있다(www.investopedia.com).

ESG 정보는 이를 확인한 그 즉시 대외적으로 공시할 것을 권장하고 있다.

기업은 자율적으로 ESG 정보공시 주기를 정할 수 있으며, 일부 기업은 주요한 ESG 성과가 창출되는 시점마다 공시하고 있다. 많은 기업은 업무 비용을 고려하여 ESG 정보공시의 주기를 2년으로 한다. 반면 ESG 정보공시를 의무화한 국내·외 기관들은 ESG 정보공시의 국제표준에 맞춰 주기를 1년으로 정하고 있다. 이는 이해관계자의 재무정보와 ESG정보(비재무)를 함께 고려하여 '정보의 적시성'을 향상시키기 위함이다.

기업은 ESG 정보공시를 하고자 할 때, '정보공시 주기'를 사전에 명시해야 한다. 이는 ESG 정보이용자가 공시 시점을 사전에 예측할 수 있도록 하기 위함이다. 즉, 기업은 최대한 명시한 '정보공시 주기'에 맞춰 공시를 해야 한다.

3) ESG 정보공시 범위

기업은 ESG 정보공시[121] 전에 어느 범위까지 성과관리를 할 것인지를 결정하고 기업이 가능한 최대범위를 설정해야 한다. 이는 ESG 개념이 기업의 재무적 정보를 기반으로 투자의사를 결정했던 자본시장에서 비재무적 정보까지 확대되고 있기 때문이다.

장기적으로 볼 때, ESG 성과관리와 정보공시의 최대범위는 '연결재무제표[122]'에 포함되는 '재무정보' 범위와 동일한 양식으로 만들어야 한다. 이는 환경, 사회, 지배구조 관련 ESG 정보공시를 원활히 진행하기 위해 '영향력'과 '통제력'이 행사될 수 있는 기업의 범위를 최대로 넓히자는

---

[121] ESG 정보공시는 환경, 사회, 그리고 지배구조와 관련된 비재무적 정보와 지속가능 경영에 관한 정보 공개하는 행위이다(K-ESG 가이드라인, 2021).

[122] 연결재무제표는 지배와 종속 간의 관계에 있어 2개 이상의 회사를 단일 집단으로 보고 각 회사의 재무제표를 종합하여 작성하는 재무제표를 의미한다(www.100.daum.net/encyclopedia).

것이다. 미국의 IFRS(국제회계기준)[123]과 GAAP(일반회계기준)의 회계지침에서는 상당한 영향력이 행사되는 기업을 중심으로 ESG 정보공시를 할 것을 제안하고 있다.

다음은 정보공시와 함께 성과관리를 해야 하는 주체가 누구인가에 대한 것이다. 사업장별로 기업의 성과관리와 정보공시가 진행되고 있다. ESG 정보를 공시했던 기업이 직접 소유하고 관리하는 사업장에 대한 ESG 성과관리와 정보공시를 진행해야 한다. 다음은 지분율을 기준으로 경영방식과 자본구조에서 영향력이 큰 기업이 ESG 성과관리와 정보공시를 실시해야 한다. 끝으로 지분율 이외에 경영방식과 사업운영에 통제력을 행사하는 기업의 ESG 성과관리와 정보공시를 맡는 경우가 있다.

K-ESG 지침의 'ESG 정보공시 범위'는 항목정의서에서

---

123 국제회계기준(IFRS)은 기업의 회계처리와 재무제표에 대한 국제적 정합성을 높이기 위해서 국제회계기준위원회(IASB; International Accounting Standards Board)가 제정한 회계처리 기준을 말한다(경제금융용어, 한국은행, 2021).

정확하게 제시하고 있다. ESG 정보공시 최대범위는 다음 3가지 요건에 부합하는 기업에서 결정해야 한다. 기업의 직접 소유 및 관리 사업장, 지분율에 따라 상당한 영향력을 행사하는 기업(자회사 등), 기타 경영구조에서 통제력을 상당히 행사하는 기업(연결법인) 등에서 최대범위를 정하고 있다.

ESG 정보공시 범위를 확인하는 방법은 기업에서 ESG 정보공시 범위를 산출한다. 이때 기업은 ESG 정보공시 범위를 산출하는 방식이나 충분한 근거를 제시해야 한다. 가장 먼저 매출액과 같은 재무적 성과기준은 기업이 창출한 매출액이나 기업의 총매출액에 기여한 부분을 ESG 정보공시 범위로 포함해야 한다.

ESG 정보공시 범위를 매출액을 기준으로 설정한 방식은 대부분 산업에서 적용하는 보편적인 방식이다. 이는 기업이 비교적 안정적인 매출 양상을 보일 때, ESG의 성과와 매출의 상관성이 큰 경우에 사용하는 방식이다. 예를 들면, 한 기업에서 2개의 사업장인 A, B를 가지고 있고 전체 매출액 중 A 사업장이 70%를 차지할 때 A 사업장의 정보만 공시하는 경우에는 해당 기업의 ESG 정보공시 전체 범위는 70%가 되는 것이다.

인사자료의 기준은 기업이 직접 고용한 인력 수나 직접·간접적으로 고용한 모든 인력수를 정보공시 범위로 설정한다. 기업의 생산량이나 매출액 연도별 편차가 큰 상황이나, 사업장 운영에 있어 작업장 인력수가 영향을 크게 미치는 산업 분야에서 적용이 가능한 방식이다. 예를 들면, 한 기업의 총 고용자가 100명 중에서 사업장 A에서는 70명, 사업장 B에서는 30명이 배치되어 있다. 이럴 경우, 기업의 정보공시 범위는 A 사업장의 70%만 ESG 정보공시가 되는 것이다.

다음은 기업의 제품과 서비스 생산량이나 판매한 제품의 비율을 정보공시의 범위를 설정하는 방식이 있다. 이는 매출액의 시기적 편차가 크거나 규제로 인해 제품이나 서비스 단위당 단가의 변동이 큰 산업 분야에서 사용할 수 있다. 예를 들어, 한 기업의 총생산량이 100톤이라고 할 때, 사업장 A에서 70톤을 생산하고 사업장 B에서 30톤을 생산한다.

이 경우 A 사업장의 ESG 정보 공시가 그 기업 전체의 정보공시 범위는 70%가 되는 것이다. 만약 A 기업의 영향력이나 통제력이 미치는 B 기업이 별도로 ESG 정보공시를 하고자 할 경우, A 기업의 ESG 정보공시 범위에서 B 기업의 ESG 정보공시 범위는 제외하여 공시해야 한다.[124]

---

124 ESG 정보공시의 참고자료는 Guidelines on non-financial reporting, European Parliament(2017), Global Reporting Initiative(2016) 등이 활용된다(K-ESG 가이드라인 2021).

2
정보공시 지표 및 개발

1) ESG의 핵심이슈와 핵심성과지표(KPI)[125]

ESG의 핵심 이슈는 보고서에서 다룰 주제선정을 의미한다. 따라서, 기업은 중요한 경제적, 환경적, 사회적 영향을 반영하고자 하는 것을 중심으로 선택해야 한다. 이때 이해관계자의 평가와 의사결정에 실질적으

---

125 핵심성과지표(KPI, Key Performance Index)는 성공적으로 목표달성을 위한 성과의 핵심지표를 의미한다. 핵심성과지표는 성과의 단기목표뿐만 아니라, 중장기 목표달성에도 중요하기 때문이다. 또한, 핵심성과지표의 궁극적인 목적은 기업의 구성원에게 성과달성의 동기를 부여하는 것이다(시사경제용어사전, 2017, 기획재정부).

로 영향을 미치는 것을 모두 고려하여 주제를 선정하기도 한다. 이 같은 ESG 이슈의 중대성을 판별하는 방법은 '중대성 평가(Materiality Test)[126]'를 일반적으로 활용한다. 중대성 측면을 정의할 때, 기업이 참작해야 할 요인들은 다음과 같이 다양하다.

지속가능성에 미치는 영향 요소, 위험 요소, 기회 요소가 핵심적인 이슈로 사용된다. 핵심이슈는 합리적인 평가가 가능해야 하며 전문적인 자격을 갖춘 전문기관에서 충분한 조사를 통해 결정되어야 한다. 다양성 훼손과 사회적 불평등은 지역사회 내 취약계층, 시민사회 등의 이해관계자가 제기한 주요 지속가능성의 핵심 이슈가 될 수 있으며, 동종업계의 경쟁사에 의해 보고된 산업 분야의 미래에 도전할 수 있는 과제도 주요 이슈가 된다.

핵심 이슈는 관련 법률, 규정, 국제 협약뿐만 아니라, 기

---

126 중대성 평가는 ESG 문제의 우선순위를 평가하는 방법이다. 각 기업과 이해관계자들이 중요한 이슈를 선별하는 것이다. 중대성 평가는 기업 ESG에 관한 전반적인 추진전략을 보여준다(www.impacton.net).

업과 그 이해관계자에게 전략적으로 중요한 자발적 협약도 그 대상이 된다. 이는 기업의 핵심적인 가치, 정책, 전략, 운영관리시스템, 목표, 목적도 해당되기 때문이다. 이해관계자는 기업의 성공과 재무적으로 연관된 근로자, 주주, 공급업체로 다양하며 이들의 기대와 관심 사항도 핵심 이슈가 된다. 끝으로 기업의 성공을 결정짓는 주요 요인과 함께 지속가능한 발전에 기여하는 방법도 핵심 이슈가 될 수 있다.

기업은 지속가능한 경영을 위해 목표와 전략을 정량적, 정성적으로 설정하여 관리해야 한다. 정성적 목표와 정량적 목표는 두 가지 모두 기업에 중요하다. 기업은 현 상황에 맞게 정량적 목표를 명시적으로 설정하여 정책을 추진해야 하지만, 그렇지 못한 경우도 많다.

K-ESG 가이드라인에서는 기업이 선언적으로 정량적 또는 정성적 목표를 제시하기보다는 실제로 지속가능한 기업의 경영을 위해 ESG 중대성 평가로 핵심 이슈를 도

출하고 어떻게 인식하고 있으며, 개선을 위한 체계적인 접근방법과 적극적인 모니터링의 활용이 중요하다.[127]

2) ESG 정보공시 개발

　기업은 지속가능경영보고서를 발간하면서 ESG 정보공시의 지표와 기준을 자율적으로 선택할 수 있다. 이 같은 이유는 국내의 ESG 정보를 의무화하는 법적·제도적 장치가 아직은 마련되어 있지 않았기 때문이다. ESG 정보공시의 검증은 문제점을 개선하기 위한 기업의 의지로 볼 수 있다. 이 같은 자발적인 활동은 기업이 공시하는 ESG 정보공시 자료의 신뢰성을 확보해야 한다. ESG 정보공시의 타당성과 신뢰성을 확인하는 방법은 '검증기관과의 독립

127　ESG 핵심이슈와 핵심성과지표(KPI)에 관한 참고자료는 Corporate Sustainability Assessment Companion, S&P Global Inc.(2021) 등이 있다(K-ESG 가이드라인, 2021).

성', '검증기관의 적격성', '검증수준의 명확성', '검증지표의 구체성', '검증방법의 합리성'으로 구분된다.

글로벌시장에서 현재 통용되는 ESG 검증표준에는 지속가능경영 관련 국제표준 제정기관인 언카운트어빌리티(AccountAbility)[128]가 개발한 AA1000AS(2018)이 있다. 국제감사인증기준위원회인 IAASB가 개발한 ISAE3000이 있다. 그 밖에도, 국내·외 ESG 정보 검증 및 인증기관에서 자체적으로 개발한 검증표준 등이 있다.

그렇지만, ESG 정보를 검증하는 제3의 검증기관이 사용해야 할 검증 표준지침이 설정된 상황은 아니다. 그러므로 제3의 검증기관은 합리성을 갖춘 신뢰적인 방법으로 검증을 수행하는지와 검증받는 기업이 글로벌 표준에 적합하게 ESG 정보가 제공되고 있는지를 반드시 점검할 필요가 있다.

---

128 성과책임(AccountAbility)은 직무수행을 통해서 창출해야 할 책임이 있는 성과라는 뜻이다. 성과책임은 기업과 조직의 목표를 달성하기 위한 직무에 관한 중요한 요소이다(www.https://www.hrinsight.co.kr).

ESG 정보공시의 검증수준을 나타내는 유형은 유형1(Type 1), 유형2(Type 2), 중위보증(Moderate Assurance), 고위보증(High Assurance)로 구분한다.

① 유형1(Type 1) 검증은 기업이 제공한 자료가 신뢰할 수 있다는 가정하에, 해당 정보공시 자료가 국제표준에 적합하게 반영되었는지 검증한다. 이때 데이터 자체의 신뢰성은 아직 검증되지 않았다.
② 유형2(Type 2) 검증은 기업이 운영하는 시스템이 데이터를 정확하게 관리되는지를 검증하며, 기업이 산출한 데이터값과 실제 데이터가 일치하는지를 검증한다. 이때 데이터 자체에 대한 신뢰성과 대외공시 정보의 반영 여부를 함께 검증한다.
③ 중위수준(Moderate Assurance)은 기업 내에서 취합하고 관리되는 데이터를 검증한다. 데이터(data)의 범위와 샘플링(sampling)이 제한적인 상황에서 이루어지는 검증이므로, 해당 정보만을 공개하는 것이 타당

한가에 대해 초점을 맞추고 있다.

④ 고위수준(High Assurance)은 기업 내에서 취합하고 관리되는 데이터와 함께 기업 외부에서 취합되는 데이터를 종합 분석하여 검증을 진행한다. 이때 데이터의 범위와 샘플링(sampling)이 많을 경우, 정보공시 신뢰성이 높다.

제8장

K-ESG 활용 방안

1

K-ESG 추가사항

1) K-ESG의 한계

　　　　　　한국생산성본부의 K-ESG의 기본 진단 항목을 모든 기업에 적용하기에 여전히 많은 한계가 있다. 특히, 다양한 상황에 맞춤형으로 적용하기엔 어려움이 많다. 또한, 기업의 ESG 경영 목표 설정에 따른 기본적인 인식의 차이가 존재하는 것도 문제이다. 즉 기업의 ESG 경영 인식 차이로 K-ESG 진단항목을 활용하여 현황을 진단하는 것이 어렵고, 경영 목표 설정에 어려움을 겪는 한계도 있다. 그러므로 다양한 기업의 규모와 산업의 공통된 기준을 마련해야 한다.

2) K-ESG 진단항목의 추가사항의 필요성

향후 K-ESG 지침 추가 진단항목의 충분한 의견수렴이 필요하다. 다양한 이해관계자인 정부부처, 산업계, 그리고 학계 등이 함께 세미나와 포럼을 통해 중소기업의 ESG 경영현황을 파악하는 데 필요한 진단항목들에 대한 의견수렴을 추가로 진행해야 한다. 이 과정에서 산업 전반에서 공통적으로 활용하게 될 K-ESG 가이드라인의 기본 진단항목에 포함시키기 어렵기 때문에, 중소기업들이 현장에서 실용적으로 활용할 수 있는 진단항목을 추가로 개발해야 한다.

3) K-ESG 진단항목의 대체가능성

　K-ESG의 진단항목만으로 현황 진단이 어려울 때, 각 영역의 추가적인 진단항목을 대체하여 사용해야 할 필요가 있다. 기업이 ESG 경영 목표를 어떻게 설정하는가에 따라, 추가 진단항목의 개발이 필요하고 현황을 분석하고 진단이 적절할 수 있도록 기본 진단항목을 충분히 대체해야 한다.

　기본적인 K-ESG 지침의 진단항목 이외 추가하는 경우, 제3의 기관으로부터 인증받은 진단항목을 활용해야 한다. 추가 진단항목의 선택은 기존 보다 효율적인 기업의 ESG 경영 성과를 원하는 경우가 대부분이다. 그렇지만, 이때 선택한 추가 진단항목의 신뢰성 확보는 반드시 필요한 사항이다.

2
K-ESG 평가 활용방안

1) K-ESG 평가

　　　　　최근 ESG는 글로벌 투자자에게 지속가능경영의 환경경영, 사회책임, 지배구조가 필수사항이 되고 있다. 특히, 기존의 재무적 요소와 더불어 비재무적 요소가 기업의 성장과 가치에서 매우 중요하게 평가받고 있다.

　K-ESG 평가모형은 산업과 기업의 유형별로 다양하다. 일반적으로 기초데이터 수집단계인 기업의 지속가능성경영 수준 진단, 중대성 평가, 이해관계자 조사를 진행하면

서 시작된다. 이때 GRI 국제표준을 적용하여 데이터 관리체계를 구축하고 데이터 신뢰성을 검토하여 프로세스와 시스템 수준을 검토한다.

다음 단계는 기본평가와 심화평가이다. 기본평가는 기업의 ESG 경영시스템이 갖추어졌는지를 평가한다. 이때 기업의 지속가능경영 현 수준을 핵심 성과지표를 기반으로 평가한다. 심화평가는 기업가치와 관련 있는 핵심이슈에 대한 평가이다.

K-ESG 평가검증단계는 평가기관의 요구사항에 대해 항목별 기업의 현 수준에 대해 협력사의 자가진단 및 현장방문 등의 정성적·정량적 평가가 실시한다. 기업피드백 단계는 검증된 K-ESG 평가의 결과를 근거로, 개선과제를 도출하여 데이터 관리방안과 효율적 정보공개 방안 등을 검증한다.

2) K-ESG 평가방법

　ESG 평가는 2003년 지배구조를 중심으로 실시했다가, 2011년부터 환경부문과 사회 부문을 추가하여 종합적인 평가로 확대되는 추세이다. EGS 평가대상을 선정하는 기준은 대상기업과 제외기업을 구분한다. 일반적으로 대상기업은 유가증권시장 상장회사, 대기업, 대기업 소속회사, 코스닥 150 구성 종목, 상장 금융사, 주요 비상장 금융사이다. 제외기업은 평가대상 중 신규 상장회사, 해외에 본사 둔 외국회사, 특수목적법인의 페이퍼컴퍼니 등이 있다(한국ESG기준원, 2022). 2023년 현재 K-ESG 평가대상은 중소 및 중견기업과 협력업체까지 확대되고 있을 뿐만 아니라, 지방자치단체에 관한 K-ESG 평가도 본격적으로 시행하고 있다.

　평가목적은 획일적인 재무적 평가에서 벗어나 환경보호에 필요한 실질적인 의사결정과 영향력이 검증되는 비재무적 요소로 확대하고 있다. 다시 말해, K-ESG 경영을 통한 기업의 위험과 기회를 종합적으로 관리함으로써 지속가능한 경영을 실천하고자 한다. 평가내용을 활용하는 이해관계자는 국내상장기업, 기관투자자, 정부 등으로 매우 다양하며 폭이 넓다. 우선, 기관투자자는 ESG 투자전략 수립활용과 위험정보관리에 필요한 정보를 제공받고 투자 근거로 활용하고 있다. 국내 상장기업은 ESG 관련 사업활동을 관리하며 협력업체와 이해관계자의 소통을 확대하고 환경친화적 경영의 판단근거로 활용한다. 자본시장은 책임투자(SRI)를 위한 지표개발의 근거로 활용하고 있다. 정부는 ESG 경영을 통한 자본시장의 건전성 제고와 글로벌 투자기관의 투자유치의 정책적 판단근거로 활용하고 있다.

일반적으로 활용되고 있는 K-ESG 평가모형은 다음과 같다. 평가모형은 K-ESG 기준과 법률을 통해 평가영역별로 평가시스템의 지속성과 고도화를 구축한다. 환경부문은 국내·외에서 발생되는 주된 환경이슈를 검토한다. 이와 함께 업종별로 환경경영체계와 위험관리를 위한 표준

산업분류기반을 구축하기 위해 21개 지자체 산업분류체계를 함께 적용하고 있다. 이때 저탄소 녹색성장기본법, ISO 14001 및 환경표지·환경인증제도, 기후 관련 재무정보공개(TCFD) 등이 근거기준으로 활용된다.

사회영역은 사회적 책임이 경영이슈에서 중요하다. 사회적인 부도덕은 주된 위험 요소이며, 이를 관리하는 것은 기회 요인이 되므로 적절한 기업의 사회책임경영이 필요하다. WICS 중분류의 산업분류기준에 근거하여 산업별로 이해관계자와 관련된 사회책임경영 이슈를 고려하도록 하고 있다. 이때 국제노동기구 핵심협약, UN 국제인권선언 및 OECD 인권실사지침, 사회적 책임세계표준(ISO 26000) 등을 근거법으로 활용하고 있다.

지배구조 영역은 기업의 의사결정과 통제가 작동되기 때문에, 주요 지배구조의 체계 및 장치 분류, 자산규모 및 이사회, 세부 금융업권 특성을 고려하고 있다. 이때 ICGN 글로벌 지배구조 원칙, OECD 기업지배구조원칙, 영국 FRC 및 일본 JPX 기업지배구조 코드, 상법 및 금융회사의 지배구조에 관한 법률 등이 근거법으로 활용되고 있다.

평가문항은 기본평가와 심화평가를 위해 구분되어 마련한다. 기본평가는 주로 기업분류에 해당되는 문항구성이며, 심화평가는 ESG 경영에 대한 분석을 위한 평가문항으로 구성된다. 평가절차의 첫 번째 단계는 평가준비단계이다. 이때 평가기업을 선정하여 해당 기업의 공시자료, 대내외적 뉴스와 SNS 등 미디어 자료, 감독기관과 지자체의 공시자료를 수집한다. 두 번째 단계는 평가수행이다. 기본평가는 앞서 수집된 기초자료의 진위 여부를 검증하고 ESG 위험요소와 기회요소를 평가한다. 특히, 심화평가에서는 이슈 중대성을 검증하고 기업가치에 훼손우려가 있는 K-ESG 주된 요소와 쟁점의 발생 여부를 평가한다. 기본평가와 심화평가를 수행한 후, 평가주최와 평가기업이 K-ESG 평가결과를 함께 피드백한다. 이때 평가기업은 기본평가와 심화평가에 대한 데이터에 관한 수정을 요청하는 동시에, 평가결과를 수용하고 반영할 것인지를 결정하여 환류한다.

평가등급 단계는 우수기업에 대해 평가를 진행하고 인터뷰를 통해 실제 이사회 운영을 최종평가 후, 평가등급을 7단계로 구분한다. 평가결과를 수용하여 변하는 정도에 따라 등급을 조정하는 단계를 거쳐 최종보고서와 요약보고서를 발간한다. 최초 정기등급을 부여한 후, 분기별로 등급을 재평가하고 그 결과에 따라 등급을 조정하고 공개한다.

3) K-ESG 등급

K-ESG 평가결과는 등급으로 다음과 같이 제시하고 있다. 예를 들면, 현재 관련 회사에서는 8단계로 등급을 구분하여 활용하고 있다. ESG 평가등급은 ESG 평가 최우수단계 S, ESG 평가 우수단계 A, ESG 평가 다소 우수한 단계 B+, ESG 평가 보통단계 B, ESG 평가 성과미흡 단계 C, ESG 평가 성과부진 단계(투자배제 고려) D, ESG

평가 성과 부진, 심각한 문제(투자배제) E 등으로 구분하고 있다.

구 분	ESG 평가 단계	비 고
S	최우수단계	-
A	우수단계	-
B+	다소 우수단계	-
B	보통 단계	-
C	성과 미흡단계	-
D	성과부진 단계	-
E	심각한 단계	-

4) ESG 관련 국제기구와 국제기관

(1) 국제 표준화기구

① GRI 가이드라인

지속가능경영보고서에 대한 지침을 마련한 GRI(Global Reporting Initiative)는 2000년도 최초로 경제, 사회, 환경 분야의 지침을 마련하여 제공하였다(https://www.globalreporting.org). GRI는 경제부문 6개 이슈, 환경부문 8개 이슈, 사회 부문 19개 이슈를 중심으로 우수사례를 분석한다.

② WEF 에코시스템 맵(Ecosystem Map)

세계경제포럼(WEF)은 세계적인 4대 회계법인과 협력하여 글로벌기업의 ESG 경영수준을 비교한 보고서를 발표한다. 이 보고서에서는 자본주의 이해관계를 고려한 ESG를 측정할 수 있는 핵심지표 21개, 확장지표 34개를 개발하였다(https://www.weforum.org).

③ SASB(Sustainability Accounting Standards Board)

SASB는 2011년 설립된 지속가능한 회계기준을 위해 미국증권거래위원회에 보고할 기업공시 기준을 마련했다. SASB는 지속가능성 표준을 77개 산업 분야별로 중대성 평가결과를 공개하도록 한다.

④ CDSB

CDSB는 기후공개표준위원회로 2007년 세계경제포럼에서 기후변화 관련 정보공개에 대한 국제표준을 만들었다. 주로 기후변화, 온실가스 배출에 관한 비재무적 정보를 공시하도록 통합된 글로벌 표준을 마련하였다.

(2) ESG 평가기관

① 에코바디스(EcoVadis)

에코바디스(EcoVadis)는 다국적 기업이 거래업체에 대해 평가를 의뢰할 때 SaaS 플랫폼을 활용하여 ESG 평가결과를 제공하는 기관이다. 에코바디스(EcoVadis)는 거래업체의 운영사항을 관리하고 지속적인 개선을 목적으로 글로벌 클라우드에 기반한 SaaS 플랫폼을 활용하고 있다. 에코바디스(EcoVadis)는 2007년 이후 150개 국가의 75,000개 이상의 협력사 평가를 수행하였다(https://support.ecovadis.com).

② 다우존스 지속가능경영지수(DJSI)

세계적인 금융정보사인 미국의 다우존슨(S&P Dow Jones)과 지속가능성을 경영평가 회사인 스위스의 로베코샘(RobecoSAM)에서는 1999년부터 ESG 평가지표를 개발하여 세계적인 글로벌 2,500개의 기업을 대상으로 지속가능성을 평가하고 있다. 국내에서는 한국생산성본부(KPC)

와 다우존스(S&P Dow Jones)가 함께 DJSI Korea를 개발하여 국내 상위 200대 기업을 대상으로 평가하고 있다 (https://www.spglobal.com).

③ 탄소정보공개프로젝트(CDP)

글로벌 비영리기관 탄소정보공개프로젝트(CDP; Carbon Disclosure Project)는 기업이 미치는 환경영향을 분석하여 환경데이터 보고서와 위험관리 보고서를 작성한다. 이때 탄소정보공개프로젝트는 투자자와 기업에 도시지역의 온실가스 배출에 관한 관리방안과 개선방안을 제공한다 (https://www.cdp.net).

④ 한국기업지배구조원(KCGS)

한국기업지배구조원은 한국거래소 ESG 지수를 개발하여 국내의 상장기업이 지속가능한 경영을 준수하고 있는지 점검하고 있다. 이때 상장기업의 경영 지속가능한 경영을 위해 2003년부터 지배구조 평가를 시작하여 2011년에는 ESG의 모든 영역까지 확대하였다(http://www.cgs.or.kr).

⑤ MSCI

MSCI는 투자자에게 기업의 주식 포트폴리오를 분석하여 ESG 공시정보와 위험성을 평가하여 3등급을 우수, 평균, 미흡 단계로 구분하여 제공하고 있다(https://www.msci.com/esg-investing/esg-ratings).

⑥ 서스틴베스트(Sustinvest)

서스틴베스트(Sustinvest)는 ESG 평가에 관한 종합 리서치 자문회사이다. 서스틴베스트(Sustinvest)는 국내기업의 ESG 위험관리를 등급별로 평가하여 ESG 경영전략의 통합과 펀드 운영전략을 자문하고 있다(https://sustinvest.com).

부 록

1. K-ESG 영역별 진단항목 예시

1) 환경영역 진단항목

구 분	진단 항목	구 분	진단 항목
환 경	환경법 및 규제 위반 [E-8-1]	환 경	환경인증 제품 및 서비스비율 [E-9-1]

2) 사회영역 진단항목

구 분	진단 항목	구 분	진단 항목
사 회	목표수립 및 공시 [S-1-1]	사 회	산업재해율 [S-4-2]
	신규채용 및 고용유지 [S-2-1]		인권정책 수립 [S-5-1]
	정규직 비율 [S-2-2]		인권 리스크 평가 [S-5-2]
	자발적 이직률 [S-2-3]		협력사 ESG 경영 [S-6-1]
	교육훈련비 [S-2-4]		협력사 ESG 지원 [S-6-2]
	복리후생비 [S-2-5]		협력사 ESG 협약사항 [S-6-3]
	결사의 자유 보장 [S-2-6]		전략적 사회공헌 [S-7-1]
	여성구성원 비율 [S-3-1]		구성원 봉사참여 [S-7-2]
	여성급여 비율 [S-3-2]		정보보호 시스템 구축 [S-8-1]
	장애인 고용률 [S-3-3]		사회 법 및 규제 위반 [S-9-1]
	안전보건 추진체계 [S-4-1]		

3) 거버넌스 영역 진단항목

구분	진단 항목	구분	진단 항목
지배구조	이사회내 ESG 안건 [G-1-1]	지배구조	주주총회 소집공고 [G-3-1]
	사외이사 전문성 [G-1-2]		주주총회 이외 개최 [G-3-2]
	대표이사와 이사회의장 분리 [G-1-3]		전자 및 서면 투표제 [G-3-3]
	이사회 성별 다양성 [G-1-4]		배당정책 및 이행 [G-3-4]
	사외이사 전문성 [G-1-5]		윤리규범 위반사항 공시 [G-4-1]
	전체 이사 출석률 [G-2-1]		내부감사 설치 [G-5-1]
	사내이사 출석률 [G-2-2]		감사기구 전문성 [G-5-2]
	이사회 산하위원회 [G-2-3]		지배구조 법 및 규제 위반 [G-6-1]
	사외이사 전문성 [G-2-4]		

중소기업이 꼭 알아야 할
K-ESG
경영 해설서

펴 낸 날	2023년 07월 13일
지 은 이	이세규
펴 낸 이	이기성
편집팀장	이윤숙
기획편집	서해주, 윤가영, 이지희
표지디자인	서해주
책임마케팅	강보현, 김성욱
펴 낸 곳	도서출판 생각나눔
출판등록	제 2018-000288호
주 소	경기도 고양시 덕양구 청초로 66, 덕은리버워크 B동 1708호, 1709호
전 화	02-325-5100
팩 스	02-325-5101
홈페이지	www.생각나눔.kr
이 메 일	bookmain@think-book.com

- 책값은 표지 뒷면에 표기되어 있습니다.
  ISBN 979-11-7048-573-5 (13320)

Copyright ⓒ 2023 by 이세규 All rights reserved.
- 이 책은 저작권법에 따라 보호받는 저작물이므로 무단전재와 복제를 금지합니다.
- 잘못된 책은 구입하신 곳에서 바꾸어 드립니다.